ÊTRE RICHE : UN TABOU FRANÇAIS

Éric Brunet

ÊTRE RICHE : UN TABOU FRANÇAIS

Albin Michel

Pour Madeleine, Suzanne, Nathalie,
mes seules richesses.

« Mon seul adversaire, celui de la France, n'a aucunement cessé d'être l'argent. »

Charles de Gaulle.

« Ne dites jamais que je suis libéral ! »

Nicolas Sarkozy.

Prologue

« Gagner de l'argent n'oblige personne
à salir son honneur ou sa conscience. »

Guy de Rothschild.

J'aime les riches, j'en conviens. Peut-être parce que,
de Crésus à Bill Gates, ils furent plus souvent des humanistes et des mécènes que des assassins ou des dictateurs.
Je leur trouve même un parfum d'irrévérence. Tout au
long de notre existence, l'école, l'université, l'Église, la
gauche, Rousseau, Marx, puis De Gaulle, la droite chiraquienne, les réacs de tous poils, les altermondialistes, les
artistes ont réalisé l'union sacrée sur au moins un point :
le riche est méprisable. Il est vil, vulgaire, ordinaire.
Créer de la richesse est suspect, à la limite du mauvais
goût. Les jolies trajectoires, celles que la République
encourage, sont ailleurs : la magistrature, l'enseignement... Chef d'entreprise, ça fait fraudeur du fisc, beauf
cupide ; la France n'aime pas, ni celle d'en haut, ni celle
d'en bas. Souvenez-vous de la célèbre antienne de Chirac : « Pour la France, le libéralisme serait pire que le
communisme. » Quelle vacherie ! À choisir, les dizaines
de millions de victimes du communisme auraient sans
doute préféré subir les outrages du marché. À ce qu'on

11

sache, les fonds de pension n'ont jamais construit de camps de concentration. Mais ça n'empêche pas la France de continuer sa petite ritournelle. Ouvrez un journal, allumez la télévision, la radio, vous entendrez la petite musique anti-fric. D'Arlette à Jean-Marie, ils sont tous d'accord pour taper sur ceux qui ont de l'argent. Pourquoi chasser le riche ? Pourquoi des hommes politiques, qui sont en perpétuel désaccord, convergent-ils pour dénoncer les riches, le marché, l'argent, le libéralisme ? Pourquoi aimons-nous tant les boucs émissaires ? Et si nous levions le pied ? Car la traque au riche dure depuis des siècles. C'est une course de fond qui ne s'est jamais vraiment arrêtée. Et même s'il nous arrive de l'oublier quelques mois, il se trouve toujours un démagogue à court d'inspiration pour nous rappeler que la chasse au riche est ouverte...

« Je n'aime pas les riches, j'en conviens », lâche François Hollande, un soir de juin 2006, en pleine émission politique. Quelle morgue ! Dans quel autre pays accepterait-on que le secrétaire général d'un des partis politiques les plus puissants déclare, la mine gourmande, à une heure de grande écoute : « Je n'aime pas les riches, j'en conviens » ? Bien sûr, c'est une « petite phrase » qui fleure bon la campagne électorale, et personne n'est dupe de la visée démagogique du premier secrétaire du Parti socialiste. Mais franchement, remplacez le mot riche par celui de votre choix : le propos relève de la discrimination. Quelle autre catégorie aurait accepté ce traitement de la part d'un homme politique de premier plan ? Et pourtant, personne, à ma connaissance, n'a porté plainte contre François Hollande pour « injures ou incitations à la haine ». Soyons honnêtes, cette mise à l'Index ne date pas d'hier. C'est même une coutume nationale. Une tradition locale, comme la tauromachie en Espagne ou les pâtes en Italie : la France a mal à ses riches ! Quelques mois après cette déclaration, François Hollande a été « rattrapé par la patrouille », contraint d'avouer qu'il est assujetti à l'ISF. Mais quelle curieuse schizophrénie : voilà un homme – pur produit de la méritocratie républicaine – qui, après trente ans de carrière au service de son pays, a accumulé un patrimoine qui n'est pas démesuré, mais qui en éprouve de la gêne au point de vouloir le dissimuler, de peur que le pays ne le lui reproche ! Qu'il se rassure, les Français ne lui en tiennent pas rigueur. Bien au contraire. Cette traque qu'il rêve d'entreprendre l'exonère de tout – de sa richesse et des quelques années vécues à Neuilly-sur-Seine par le passé...

Interrogé par les journalistes et les politiques sur son coup d'éclat, François Hollande indiqua que le PS aimerait augmenter l'impôt des contribuables gagnant plus de 4 000 euros net. Par ménage ? Par personne ? On ne sait. Un sondage CSA-France Info, publié à l'hiver 2006-2007, nous apprend cependant que 68 % des électeurs de Ségolène Royal sont favorables à cette idée. La proportion étant de 52 % chez les électeurs de Nicolas Sarkozy, eux-mêmes majoritairement partisans de cette augmentation. Cette rodomontade a au moins eu le mérite de fixer un seuil de richesse dans l'esprit de chaque Français : 4 000 euros net !

En France, le pouvoir et l'argent n'ont jamais su cohabiter. En 1887, le président Jules Grévy dut quitter l'Élysée parce qu'il avait fait montre de mollesse avec un gendre, trafiquant de Légions d'honneur... Huit ans après, en 1895, ce fut au tour de Jean Casimir-Périer de démissionner de la présidence du Conseil à la suite d'une campagne orchestrée par Jean Jaurès et les députés socialistes : l'homme était un actionnaire important des mines d'Anzin. Les puissances de l'argent...

Selon Damien de Blic, chercheur en sciences politiques, auteur de *Sociologie de l'argent,* « l'exercice de la magistrature suprême supporte particulièrement mal en France les accusations de complaisance à l'égard de l'argent ou plutôt des milieux d'affaires ». De Gaulle a été un président austère, Pompidou, quoique ancien banquier du groupe Rothschild, a su lui aussi assortir l'exercice du pouvoir de la posture requise. Valéry Giscard d'Estaing s'est disqualifié en affichant son goût du luxe, acceptant des diamants du dictateur africain Jean-Bedel Bokassa. Jacques Chirac, peu avant d'être élu en 1995, résuma d'une phrase : « Là où De Gaulle dépensait 10, Giscard dépensait 100 et Mitterrand 1 000. » Reste que Jacques Chirac lui-même est mis en cause pour le montant élevé de ses frais de représentation et le financement, par la puissance publique, de ses voyages privés.

Aujourd'hui, le nouveau pouvoir a exprimé sa volonté de faire évoluer le rapport des Français à l'argent. En réhabilitant la réussite matérielle, en déculpabilisant l'argent, le président de la République bouscule les habitudes et les conservatismes. Tant et si bien qu'une partie de la gauche dénonce déjà « la fascination de l'homme pour les milieux d'affaires » ou, comme l'affirme l'historien Henry Rousso, l'ambiguïté d'un président « prêt à changer les choses pour conserver un ordre ancien ». Et si, en s'attaquant à un atavisme séculaire, Nicolas Sarkozy s'était assigné une tâche trop ambitieuse ? Quoi qu'il en soit, dès l'avènement du nouveau président, Ignacio Ramonet, le directeur du *Monde diplomatique,* icône de la planète rebellocrate, décidait de confondre dans un subtil brouet dont la gauche a le secret la presse et les pouvoirs de l'argent : « La nouvelle hiérarchie des pouvoirs, établie par la mondialisation néolibérale, place évidemment au sommet, comme premier pouvoir, le pouvoir économique et financier, suivi du pouvoir médiatique, mercenaire du précédent. » Les journalistes vendus au capital. Rien de tel pour agacer les rédactions. Très rapidement, la presse française allait avoir à cœur de démontrer sa « liberté ».

Aïe ! Les urnes n'étaient pas remisées depuis vingt-quatre heures que débute l'affaire maltaise. Ces trois jours que *Le Nouvel Observateur* appelle « la dérive jet-set du candidat people ». Le séjour passé par Nicolas Sarkozy et son épouse à bord du yacht de Vincent Bolloré, le *Paloma,* constitue de l'avis de tous le premier faux pas de la mandature Sarkozy. Pourquoi ? Bolloré est-il un repris de justice ? Un citoyen moins fréquentable que les autres ? Craint-on que celui qui fait si peu d'affaires avec l'État français ne suborne le président de la République ? Qu'il n'exige quelque juteux contrat en échange de ces trois jours en mer Méditerranée ? Impossible, s'amuse un industriel proche de Bolloré : « En invitant Nicolas Sarkozy sur son yacht, il s'est privé de tout coup de pouce de l'État dans les cinq ans qui viennent. S'il y avait le moindre soupçon, vous imaginez la une des journaux le lendemain ! »

Ces conjectures qui visent à nous présenter un président monnayant ces week-ends familiaux contre des avantages consentis aux grands de ce monde nous remettent en mémoire les liens qui unissaient JFK à la mafia américaine. Mais Sarkozy n'est pas Kennedy. Et ces fantasmes, attisés par la bonne presse, démontrent une étonnante méconnaissance du passé du président de la République. « Lors du sauvetage d'Alstom, nous dit François Henrot, de Rothschild et Cie Banque, il a montré sa capacité à ne pas être prisonnier de ses amis. » De même, les dirigeants des grandes enseignes de distribution, que le président connaît fort bien, ne se souviennent pas d'avoir obtenu quelque largesse lorsque Nicolas Sarkozy, alors en place à Bercy, a imposé une baisse des marges pour contenir l'indice des prix.

15

Les multiples attaques venues des rangs d'une gauche toujours pas réconciliée avec le monde de l'argent n'étonnent pas. François Reynaert, du *Nouvel Observateur*, se gausse de ce « Berlusconi à cheveux, se pavanant sur un yacht de parvenu ». « Pendant trois jours, il nous a fait honte, écrit Alain Finkielkraut ; on ne peut pas se réclamer du général de Gaulle et se comporter comme Berlusconi. » Amalgame navrant : Nicolas Sarkozy *a des amis patrons*. Il n'est pas pour autant *l'ami des patrons*, une manière de marionnette téléguidée par le Medef, chargée d'assurer vaille que vaille la prospérité des géants du CAC 40. D'ailleurs, faut-il le préciser, cet intérêt que nourrirait Sarkozy pour les dirigeants n'a rien d'aveugle ou d'exclusif... « Ce qu'il y a de plus embarrassant quand on n'est pas né riche, c'est d'être né fier », écrivait Vauvenargues. Sarkozy ne se dilue pas dans ces amitiés. Et sa fierté le préserve des marchandages scabreux. D'ailleurs, il n'est pas l'ami de « tous les puissants ». Il ne s'entend guère avec la patronne des patrons, Laurence Parisot, qui ne le trouve pas assez libéral. Il l'a pourtant fréquentée sur les bancs de Sciences-Po. Il apprécie peu Pierre Gadonneix, le patron d'EDF, qu'il juge trop effacé. Idem pour Jean-François Cirelli, président de Gaz de France, pourtant installé par la droite. Le courant ne passe pas vraiment avec Gérard Mestrallet, le numéro 1 de Suez, ou avec Maurice Lévy, de Publicis.

Mais lorsque Jean-Luc Lagardère meurt soudainement à l'hôpital, le 15 mars 2003, qui son épouse Betty prévient-elle en premier ? Nicolas Sarkozy, sur son téléphone portable. C'est d'ailleurs lui qui informera Jacques Chirac du décès du grand manager français. Oui, ce Sarkozy est proche du milliardaire belge Albert Frère, de Paul Desmarais, l'homme d'affaires canadien. Oui, il admire Martin Bouygues, Anne Lauvergeon, l'ex-proche de Mitterrand, patronne d'Areva. Oui, il a passé quelques jours de vacances dans la maison de Bernard Arnault en 1995. Oui, le triomphe de la volonté, véritable tropisme sarkozyen, pousse naturellement notre président à fréquenter ces Français hors du commun que sont les seigneurs du capitalisme hexagonal. Mais ne peut-on considérer que celui qui a été élu maire de Neuilly-sur-Seine à vingt-huit ans est capable de discernement ? Ne peut-on admettre que précisément la « relation fraternelle » qu'évoque Arnaud Lagardère avec le président ne fait pas de Sarkozy le toutou de ces patrons ? Une amitié n'oblige pas en tous lieux, en toutes circonstances... D'autres chefs d'État avant lui entretinrent des rapports amicaux aussi étroits avec des patrons français, mais sans doute plus discrets. Sarkozy devrait-il se cacher ? « Non, répond Jacques Séguéla dans *VSD*, les autres présidents se sont montrés dans leur tenue présidentielle. Lui se montre tel qu'il vit, tel qu'il est. »

Que la gauche française soit une des dernières au monde à considérer qu'un entrepreneur qui réussit est un exploiteur, passe... Une question d'habitude. Mais que penser d'une presse « plus libre », qui juge « le geste » de Nicolas Sarkozy déplacé ? Bolloré n'est-il pas un entrepreneur digne du respect de la République ? Un créateur de valeur, d'emplois, de croissance ? Pourquoi Christophe Barbier, journaliste politique de *L'Express*, répond-il à un lecteur attristé par la croisade anti-Sarko : « Le président doit se distinguer en étant distingué [...]. L'austérité n'est pas obligatoire. Le bon goût, si. » Nous y voilà : la faute de goût... L'ultime reproche quand les autres sont épuisés. Au nom du mauvais goût, d'autres remarquent perfidement que Sarkozy a introduit les Nike à l'Élysée. Que connaît ce monsieur Barbier au bon goût ?

On reproche aussi à Nicolas Sarkozy d'avoir célébré

17

sa victoire au Fouquet's, sur les Champs-Élysées. Arrêt sur image ; deux lectures de ce lieu sont possibles. Le Fouquet's : un établissement historique, au cœur du Paris prestigieux, symbole de l'excellence française. C'est le retour de la fierté nationale. Ou bien un endroit de riches où, compte tenu des prix pratiqués, seuls des riches peuvent aller se goberger en ourdissant des plans secrets de riches.

C'est, on s'en doute, la seconde lecture que préfère la presse française. Dans ce lieu qui respire le riche, donc, *L'Express* nous dévoile que le président « étreignait quelques-unes des figures les plus influentes du CAC 40 et du monde des médias » : Bernard Arnault, Martin Bouygues, Jean-Claude Decaux, Alain Minc, François Pinault, Vincent Bolloré, Bernard Fixot, Albert Frère, Serge Dassault : la « business connection » du président. Il n'en faut pas davantage au subtil hebdomadaire pour supputer que « les barons du capitalisme français [sont] en train de bâtir des Meccano médiatiques à l'italienne ». C'est d'ailleurs la thèse de Jean-Marc Lech, coprésident d'Ipsos, qui tente de nous vendre l'image d'un Sarkozy poussiéreux, façon barbouze gaulliste version SAC : Sarkozy « reste le pur produit d'un système qui a amené Alain Peyrefitte à imposer le journal de 20 heures au moment du souper. Qui a vu Georges Pompidou instaurer l'émission "La voix de la France" et Jacques Chirac, en 1986 – comme François Mitterrand en 1984, avec André Rousselet –, transformer Havas en bras séculier de l'État dans les médias. Avant qu'Édouard Balladur, dont il fut l'un des ministres, vienne se faire cocooner sur TF1. C'est une vieille tradition de la droite de vouloir corseter à tout prix les médias. Un penchant qui tient à la non-éducation intellectuelle de cette génération de dirigeants politiques et au fait que la droite, en France, n'a jamais vraiment compris les journalistes ». Et vice versa.

Ce scénario d'une presse aux ordres, maraboutée par Sarkozy, n'est pas crédible une seconde. Comment se pourrait-il, connaissant l'état d'esprit qui règne dans les rédactions, qu'Arnaud Lagardère dispose selon son bon plaisir de la rédaction d'Europe 1 ? Que Martin Bouygues influe quotidiennement sur l'info de TF1 en distribuant quelques coups de fil bien sentis ? (Le propriétaire de TF1 a dû omettre d'appeler Patrick Poivre d'Arvor, ce 20 juin 2007, lorsque le journaliste lance en direct au président de la République française rentrant du G8 : « On vous a vu très à votre aise, comme un petit garçon qui est en train de rentrer dans la cour des grands ».) Qu'Alain Minc, sur ordre de Sarkozy, fasse écrire des papiers hagiographiques sur notre président dans *Le Monde* ? Le voudraient-ils que les rédactions lanceraient aussitôt une grève, bloqueraient la parution des quotidiens, interrompraient le journal télévisé, trop heureuses d'épingler la droite en flagrant délit d'ingérence... Dans ce genre d'occurrence, tout le monde le sait, la presse française n'est pas taiseuse. Certes, il est dans l'ordre des choses que les éditorialistes épinglent le président de la République sur la nature prétendument incestueuse des relations qu'il entretient avec certains patrons de presse. Mais il y a une hypocrisie à laisser croire pour autant que l'indépendance des journalistes est menacée et que la presse est garrottée. Nicolas Sarkozy en est lui-même sidéré : le jeudi 31 mai, alors que *L'Express* s'interroge en couverture : « Sarkozy tient-il les médias ? », il se désole : « Comment peut-on simplement se poser la question avec tout ce que j'ai pris dans la gueule ? »

Les puissants ne doivent leur succès qu'à eux-mêmes. Aux États-Unis, les Buffett et les Gates ont tourné le dos depuis longtemps à Bush. En France, Bolloré était riche avant Sarkozy, il le restera après. Comme l'écrit Véronique Groussard, du *Nouvel Observateur,* son nom continuera d'évoquer « les ports d'Abidjan ou de Libreville, les plantations de palmiers ou d'hévéas en Indonésie et au Nigeria... ».

John Vinocur, journaliste à l'*International Herald Tribune* qui a suivi jour après jour l'élection présidentielle, estime que « ces critiques ne sont pas justes. On exagère les liens de connivence, qui existent en vérité dans toutes les démocraties du monde ». Pour être franc, ce que John Vinocur a pu observer tout au long de la campagne présidentielle ne l'amène pas aux mêmes conclusions que les journalistes français : « L'establishment journalistique, dérangé par l'évidence de la victoire, s'est mis à dénigrer les sondages après que la gauche a décidé de tirer à vue sur ceux-ci. J'ai vu beaucoup d'ironie dans la manière d'aborder le "cas" Sarkozy [...]. À l'inverse, j'ai trouvé que, à l'égard de Ségolène Royal, nombre de commentateurs ont retenu leur plume, afin de ne pas dire tout haut ce que tout le monde pensait tout bas : cette femme est confuse. Le premier n'a pas été ménagé, la seconde a bénéficié d'une forme d'indulgence coupable. »

En France, Jean-Michel Aphatie, journaliste au service politique de RTL, s'insurge contre l'image du complot médiatico-financier sarkozien : « Nous a-t-on rapporté des exemples précis d'une intervention supposée de Nicolas Sarkozy sur tel ou tel journaliste ? Jamais. On nous a expliqué pendant huit mois de campagne que l'ensemble d'une profession de godillots, entravée en raison des liens qui unissent une poignée de grands patrons des médias avec le nouveau président de la République, n'aurait pas fait son travail. Dire cela est mensonger. En vérité, l'appareil médiatique est déverrouillé depuis longtemps. Une information retenue finit toujours par sortir. Et encore plus vite aujourd'hui avec Internet. »

Et si, au contraire, la presse entretenait, par principe idéologique, une posture anti-Sarkozy ? On se souvient de l'escapade new-yorkaise de Cécilia avec le publicitaire Richard Attias, avant l'élection présidentielle. Quelques jours après l'« événement », tous les journaux s'arrachaient les photographies. Chacun y alla de son commentaire, de son reportage, de son interview, de son micro trottoir : la presse la plus sérieuse comme la plus people, les articles les plus renseignés et les plus bidonnés. On notera en revanche le discernement très respectueux avec lequel les journalistes français ont traité le couple Hollande-Royal. La candidate et le premier secrétaire ne vivent plus ensemble depuis longtemps. Très longtemps. Malgré cela, mes confrères eurent le bon goût d'attendre l'autorisation officielle de la candidate pour divulguer cette information. Louable pudeur. Moins honorable toutefois, les nombreux articles illustrés présentant, avant et pendant la campagne, François, Ségolène et les enfants dans leur quotidien familial. Pendant des mois voire davantage, les journalistes savaient mais n'ont rien dit. Point dupes, ils furent même les complices d'une mise en scène familiale, véritable petit Puy-du-Fou socialiste, où les membres de la famille divisée jouaient leur propre rôle sur l'air de « Tout va très bien madame la marquise ». Nous ne sommes plus là dans la pudeur mais dans la tartufferie. « Oui, nous savions. Oui, depuis quelques mois – au moins –, la presse avait connaissance des amours de François Hollande », reconnaît Christophe Barbier de *L'Express.* La presse dispense parfois son sens des convenances et sa déontologie de façon sélective.

Et cela continue. En vrac, on montre du doigt celui qui a pris deux patrons du CAC 40 comme témoins de mariage en 1996 avec Cécilia Ciganer Albeniz : Martin Bouygues et Bernard Arnault. Une faute de goût, dirait M. Barbier. Les tenues de Cécilia, les costumes du président, tel restaurant parisien, tel hôtel, tout est désormais passé au crible par une presse désireuse de prouver son indépendance en démontrant ce que François Bayrou appelait « une proximité extraordinaire, étalée, affichée, avec les puissances d'argent et notamment les puissances d'argent qui tiennent les médias ».

Nous y sommes : Sarkozy égale Berlusconi. Napoléon IV égale *Sua Eminenza*. Un refrain qu'on va entendre souvent. Angelo Mellone, jeune éditorialiste italien au quotidien *Il Giornale* et fin observateur de la vie politique française, s'en amuse. « Vous allez voir, dès qu'il va déplaire, on va le taxer de berlusconisme. Pourtant, il y a une différence majeure entre les deux hommes. Silvio Berlusconi est immensément riche : il a déclaré être assis sur un patrimoine de 20 milliards d'euros. À côté, Nicolas Sarkozy est pauvre : il a évalué son patrimoine à 2,5 millions d'euros. Silvio Berlusconi est propriétaire de nombreux médias, alors que Nicolas Sarkozy aura tous les médias contre lui à la première déconvenue politique. Et puis la grosse erreur que vous faites consiste à croire qu'un homme d'État qui connaît les patrons de presse a nécessairement ces médias dans la poche. C'est un raccourci inepte, car les rédactions demeurent de gauche. Le plus significatif, c'est la rédaction de TV5, la principale chaîne appartenant à Silvio Berlusconi. Cette rédaction est comme la plupart des rédactions italiennes et françaises : conditionnée par le politiquement correct de gauche, avec une majorité considérable de journalistes de gauche ! Cela va vous sembler incroyable, mais la plupart des rédacteurs en chef des chaînes de Berlusconi sont des journalistes emblématiques de l'Italie de gauche, souvent d'anciens militants de la gauche radicale convertis au libéralisme qui ont maintenu le même esprit sectaire, et qui cooptent leurs "amis". Chacun sait en Italie qu'il est impossible de faire carrière dans la télévision publique ou berlusconienne sans afficher un passé de gauche. C'est aussi le cas de la maison d'édition Mondadori de Berlusconi. Elle publie peu de livres d'auteurs de droite, mais elle compte comme auteurs le président de la Chambre des députés, Fausto Bertinotti, ancien secrétaire de Rifondazione comunista, ou le ministre des Affaires étrangères, Massimo D'Alema, alors qu'il était président des Démocrates de gauche [ex-communistes]. »

« De même, reprend Angelo Mellone, les principaux journaux sont dirigés par des hommes d'affaires, qui ont l'habitude de frayer avec les pouvoirs, quels qu'ils soient. Lucia Annunziata, journaliste de gauche et ancienne présidente de la Rai, a d'ailleurs récemment jugé scandaleux que les quatre principaux journaux soient toujours dirigés par les mêmes quatre journalistes qui, "bizarrement", viennent tous les quatre de la gauche... Dans ce contexte italien qui me fait tant penser à la France, la marge de manœuvre d'un pouvoir est très faible. On peut mettre au placard un journaliste ou deux, on peut leur demander une fois ou deux de ne pas passer une information... le naturel revient vite, car comme en Italie, toutes les rédactions françaises ont, par tradition, le cœur à gauche, y compris m'a-t-on dit celles des journaux de droite. Mais ça, j'ai le droit de vous le dire parce que je suis italien. »

À en croire la presse française, avec Nicolas Sarkozy, la droite « bling bling » aurait succédé à la gauche caviar. Le président serait coupable d'avoir remis le clinquant à l'honneur affichant, selon l'hebdomadaire *Marianne*, « des goûts de magnat du hip-hop ». C'est le délit de sale look. Dans ce procès à charge, les pièces à conviction qu'exhibe la grande presse d'opinion rappellent les scoopinets estivaux de *Voici*, *Gala* et autres *Closer* : le polo Ralph Lauren du président, ses Ray-Ban modèle « aviator » – au mercure –, son Montblanc en argent massif, ses vestes en cachemire des frères Boglioli, commandées chez Victoire, comme Mick Jagger, Bill Clinton, Juan Carlos et BHL (1 300 euros la pièce). Tout est scruté : le Nokia 6151 du président, sa Rolex Daytona ou son chronographe Navitimer de Breitling (3 640 euros en version acier), son brushing de chez Alexandre Zouari, « le coiffeur des stars ». Cécilia n'est pas épargnée par ces sémiologues en herbe. Comparée à la *desperate housewife* Bree Van De Kamp, elle aurait commis le pire des crimes, celui de ne pas s'habiller français : des ballerines Repetto blanches, des tenues Prada, Azzédine Alaïa... Nos journalistes politiques, transformés en défenseurs du glamour français, ont tranché : tout ceci respire le nouveau riche. Au fond, la presse d'opinion n'aime pas les manières de ce président, trop éloignées du bon chic puritain affiché depuis des lustres par l'aristocratie républicaine. Elle aime railler ses talonnettes et comparer son mètre 65 au mètre 78 de Cécilia.

Au chapitre du mauvais goût, avoir choisi les États-Unis pour ses vacances d'été en famille disqualifie forcément Nicolas Sarkozy. *Le Canard enchaîné* du 8 août 2007 donne le ton : « Notre omniprésident est un gars simple. S'il a choisi pour ses vacances une villa de 1 200 m² à Wolfeboro, dans le New Hampshire, plutôt qu'un mobile home à Palavas-les-Flots, dans l'Hérault, c'est pour le côté bonne franquette de l'endroit. Et à 21 900 euros TTC la semaine, ce n'est pas assurément se moquer du peuple. » Que la famille Sarkozy ait été invitée par des amis importe peu. Qu'une vingtaine de personnes séjournent dans cette maison louée à plusieurs ne compte pas. Que le président de la République française se soit rendu aux États-Unis pour redonner confiance aux investisseurs américains qui avaient blacklisté la France depuis les années 80 est un détail. Peu à peu, la paranoïa s'installe. À tel point que Sarkozy se sent obligé de préciser : « Je suis venu en avion de ligne,

24

ma famille est venue en avion de ligne, je repartirai en avion de ligne. »

Et si les raisons de cette croisade sur le « Sarkozy ami des riches » étaient ailleurs. Le magazine *Challenges* du 24 mai 2007 nous apprend que *Marianne* et *Libération* ont trouvé la poule aux œufs d'or avec leur positionnement anti-Sarkozy. L'hebdomadaire *Marianne,* qui connaissait quelques problèmes financiers, a vendu son numéro spécial anti-Sarkozy du 14 avril à 510 000 exemplaires : + 102 %. Mieux encore : les annonceurs qui boudaient le titre sont de retour ! Pourquoi changer une recette qui fonctionne ?

Du coup, *Libération* en remet une couche : le 29 juin 2007, la une du quotidien d'Édouard de Rothschild s'en prend au Sarkozy ami des riches et titre pleine page : « Au bonheur des riches. » « Le club des Crésus pèse toujours un peu plus », y apprend-on. Tout y est : le clin d'œil à Zola, la rengaine contre les nantis. Qui a dit que l'histoire ne se répétait pas ? Ce jour-là, l'actualité n'a pas de talent, il faut lui en trouver. *Libé* s'offre pour pas cher un ancrage identitaire d'opposant de gauche, en s'inspirant un peu facilement d'une enquête publiée sur Internet par l'économiste Camille Landier. Le quotidien de Laurent Joffrin verse une fois encore dans la détestation de l'argent et du riche, sorte de démagogie rituelle dont personne, dans les cercles feutrés de la gauche qui réfléchit, n'est dupe. Après avoir stigmatisé des années durant le populisme de l'extrême droite, après s'être interrogé sur les vertus du modèle social-libéral anglais, le quotidien renoue avec les vieux couplets si chers à la gauche fossile : les 200 familles, les riches de plus en plus riches, les pauvres de plus en plus pauvres... Désormais, « c'est la valeur pognon qui semble être la plus communément partagée par l'ex-maire de Neuilly. Une ville qui, à ce jour, et il faut bien le noter, est officiellement la plus riche de France, quand on considère la part de sa population assujettie à l'ISF ». Pas vous, Laurent Joffrin. Pas en 2007.

Si l'on se livre à une autopsie de ce petit crime de démagogie, on découvre que « les riches Français n'ont pas grand-chose à envier à leurs homologues anglo-saxons [...]. Plus ils sont riches et plus ils s'enrichissent ». *Libération* nous apprend que les 1 % des plus riches, soit 350 000 Français, ont vu leurs revenus augmenter de 19 % depuis 1998. Un pourcentage supérieur à la hausse du revenu moyen des Français. La faute à qui ? Aux bonus et aux stock-options... La boucle est bouclée. Seulement voilà : pas vraiment œcuménique dans ses sources, le quotidien passe au second plan les analyses de l'Insee qui ne cesse de clamer que les inégalités se réduisent chaque année en France depuis 1970. *Libé*, qui n'en est pas à un détail près, oublie aussi au passage la seule statistique faisant foi sur le sujet : celle qui mesure l'écart entre les 10 % des Français les plus riches et les 10 % les plus pauvres. Depuis plus de trente-cinq ans, encore une fois, l'Insee, qui n'est pas une maison occupée par la droite libérale, nous révèle que cet écart s'est considérablement réduit... Ce que *Libé* ne nous dit pas, c'est que le nombre de riches français est faible au regard des autres pays européens. Ce que *Libé* ne nous dit pas, c'est que plus il y a de riches dans un pays, plus il y a d'impôts payés, de croissance, d'emplois créés et d'argent redistribué. Juste avant de prendre la direction du quotidien de Serge July, un Laurent Joffrin plus mesuré publiait un pamphlet intitulé *Histoire de la gauche caviar*. Cette gauche-là, si souvent brocardée par la « vraie » gauche, sait au moins une chose : l'argent n'est pas tabou.

Désormais, c'est le riche qui fait l'objet de toutes les aversions nationales. Pas seulement pour ponctionner son magot, ce serait trop simple. Lorsque Patrick Ricard, P-DG de Pernod-Ricard, explique : « Je crains que l'ISF ne me pousse à quitter la France », pourquoi faudrait-il hurler avec la meute et vilipender l'incivisme de l'entrepreneur ? Ne pourrait-il y avoir une lecture plus fine de ce désir d'exil ? Car en fait, ils sont des milliers de chefs d'entreprise, d'artistes, de créateurs de richesses, d'investisseurs, d'acheteurs d'œuvres d'art, d'ingénieurs à avoir choisi de quitter ce curieux pays qui considère que les gains des uns s'obtiennent sur le dos des autres. Que la « justice sociale » est fondée sur le transfert des richesses des créateurs de croissance vers les nomenklaturas d'État. Qui oublie que les richesses humaines sont toujours créées par des efforts humains, des efforts d'imagination, de travail, d'épargne.

Même les exégètes de la Bible se sont arrangés pour faire oublier que parfois, un riche, ça peut servir. Il faut aimer notre prochain, nous enseigne-t-on au catéchisme. Mais qui est notre prochain ? Cette question est posée une seule fois dans les Évangiles, et Jésus y répond en racontant l'histoire d'un voyageur détroussé par des brigands et abandonné à moitié mort au bord du chemin. Passe un prêtre, qui ne s'arrête pas pour secourir ce malheureux blessé. Un deuxième voyageur l'ignore aussi. Mais le troisième passant, un riche marchand samaritain, recueille le blessé, panse ses plaies, l'installe à l'auberge et paie les frais de son rétablissement. Et Jésus demande : « Qui est le prochain de celui qui est tombé aux mains des brigands ? » Dans l'assistance, on lui répond : « Celui qui l'a secouru. » Et Jésus confirme : « Tu as bien répondu » (Luc, 10, 25-31). Le prochain que nous devons aimer n'est pas le pauvre, mais le riche secourable. Voilà deux mille ans que les prêcheurs déforment ce texte dans le but probable de nous convaincre que notre prochain est l'être humain dans la misère. Ce qui est absurde. Pourquoi aimerais-je quelqu'un parce qu'il est dans la misère ? La misère est à combattre. En revanche, si quelqu'un a pris la peine de se pencher sur moi, s'il m'a soigné, s'il a payé mes dettes, comme ce marchand l'a fait, ne mérite-t-il pas, tout riche qu'il est, d'être aimé ?

« Ma grande objection à l'argent, c'est que l'argent est bête », disait Alain. Il avait tort. Ce sont ses détracteurs qui sont sots et étriqués. De Lénine à Hugo Chavez. Une lourde chape pèse sur l'argent, constituée par des siècles de dénonciation par les moralistes, les philosophes, les casuistes ou les théologiens. À tel point que notre pays a peu à peu négligé l'économie, discipline « seconde », peu noble. Son enseignement a rapidement été pris en main par des universitaires gagnés aux théories marxistes et keynésiennes. Ils sont un des fondements de cette pathologie française. Toutefois, le rapport singulier que nous entretenons avec l'argent a d'autres causes. Les premières sont d'ordre sociologique : nos racines paysannes et catholiques sont une première explication. Il y a soixante ans à peine, plus de la moitié de la France était rurale et il nous reste quelque chose de cette culture paysanne imprégnée de religion. Même si aujourd'hui on ne compte plus que 3,5 % d'agriculteurs, le souvenir de l'argent caché sous les matelas est vivace. Nous avons l'argent coupable et nous n'aimons pas ceux qui en ont ou ceux qui le montrent. En second lieu, il existe des explications historiques : les rois de France interdisaient à l'aristocratie toute pratique du commerce, l'emmurant ainsi dans l'oisiveté. Quand les pays anglo-saxons poussaient leurs hobereaux à s'enrichir, les aristocrates français pratiquaient le jeu de paume, ou pire, l'art consommé du duel, devenant ainsi les acteurs de leur propre déclin démographique...

La France est aussi un pays à « État fort ». Colbert, la Révolution jacobine, Napoléon Bonaparte, Clemenceau, le gaullisme – ou ce que les libéraux appellent le gouvernement gaullo-communiste de 1945 – sont les référents économiques du pays. Enfin, très important, nos représentations culturelles et notre imaginaire collectif sont persillés de références « anti-fric ». Dans *Bel-Ami* de Maupassant, *L'Argent* de Zola ou *Cosmopolis* de Bourget, tous trois inspirés par l'actualité financière scandaleuse, notre culture nous raconte un monde dans lequel la poursuite de l'argent et le désir d'enrichissement sont devenus le dessein des actions humaines, au déni de toute morale. Un monde sans principes où les statuts sociaux ne correspondent qu'à une échelle de la vénalité. Cela explique bien sûr pourquoi il y a une telle allergie, ne serait-ce que sémantique, au libéralisme et pourquoi tout a été conçu et construit pour que les Français vivent le plus possible en dehors des contraintes de l'économie mondiale, quand d'autres vont chercher ailleurs des richesses nouvelles.

Sur le constat, tout le monde est d'accord : l'historien Marc Martin constate l'existence d'une « discrétion un peu honteuse à l'égard de l'argent et des activités qui le mettent en jeu », alors que son confrère Alain Plessis s'étonne de « l'allergie éprouvée depuis longtemps par les Français pour la Bourse, les banques et les affaires d'argent ». Pour preuve, selon une enquête publiée le 4 novembre 2006 par *Libération* : 61 % des Français estiment que le capitalisme évoque quelque chose de négatif.

Les exemples des nations qui souscrivent à cette idéologie ne sont guère flatteurs pour nous : la Corée du Nord, l'Iran, Cuba... À la dernière élection présidentielle, pourtant, pas moins de cinq candidats se sont définis comme « antilibéraux ». Des anti qui ? Aucun candidat à l'élection présidentielle de 2007 n'était libéral. Et surtout pas Nicolas Sarkozy. Même le jeune candidat d'Alternative libérale, Édouard Fillias, n'a pas réussi à obtenir ses 500 parrainages ; il s'est désisté pour François Bayrou. Daniel Cohen, membre du Conseil d'analyse économique et professeur à l'École normale supérieure, pense que nous avons mangé notre pain noir : « Les jeunes générations ont un rapport différent à l'argent. L'État providence, plombé par une dette de 2 000 milliards d'euros, ne peut être une solution. Résultat : deux millions de Français actifs ont quitté le territoire, dont un million de jeunes. Certes, on pourrait se dire qu'il ne s'agit là que de deux millions de Français... une goutte d'eau dans la mer. Toutefois, rappelons que 10 % des foyers payent 80 % de l'impôt sur le revenu dans une France de 34 millions de foyers fiscaux. » Au fond, les Français sont comme Lady Astor, la première parlementaire britannique qui aimait répéter : « La seule chose que j'aime chez les riches, c'est leur argent. » Cette approche n'est plus valide : un riche, ça se cajole un peu, ça se bichonne. On s'arrange pour faire converger ses intérêts avec ceux de la nation. Parce qu'il vaut mieux un riche dans de bonnes dispositions qu'un exilé fiscal : le premier peut s'avérer un citoyen très utile. L'autre, non...

Voici donc le livre d'un pauvre qui n'a rien contre les riches. Le livre d'un journaliste qui souhaite comprendre pourquoi ces apostats de la République sont partis. Pourquoi la France alimente toujours cet ostracisme républicain à leur endroit. Pourquoi notre code génétique national entretient ces clichés qui respirent un XIXe siècle révolu. Ce livre veut bousculer l'absurde réflexe anti-fric, car aujourd'hui, plus encore qu'hier, la France a besoin de ses riches.

1

Qui sont les riches ?

> « L'euro a été inventé pour rendre le salaire des riches six fois moins indécent. »
>
> Frédéric Beigbeder, *99 francs*.

Qu'est-ce qu'être riche ? Philippe Eliakim, journaliste au mensuel *Capital*, répond en ces termes : « Prenez un type qui n'a pas la télé, pas de portable, pas de DVD, pas de radio, pas de bagnole, pas même de vieille mob rouillée. Il dormait sous un toit, certes. Mais dans une baraque de banlieue puante et glaciale, sans électricité et dépourvue d'eau courante. Pour ses besoins ? Un seau. Pour ses enfants malades ? Aucun médicament. Presque pas de livres et jamais de ciné, même au tarif Vermeil. Voilà pour ses loisirs. Et avec ça, pas un sou d'assistance, on vous jure que c'est vrai, ni allocs, ni RMI, ni Sécu, un pur scandale social. Quel prolétaire occidental accepterait aujourd'hui de vivre dans d'aussi sordides conditions et avec si peu d'espoir de s'en sortir ? Dites-le pour voir ? Aucun évidemment. En son temps pourtant, ce misérable pékin n'était pas le plus à plaindre : il s'appelait Louis XIV, l'homme le plus riche du monde. » Avant lui, en 596 avant Jésus-Christ, vécut un autre riche fameux. Le plus célèbre sans doute : Crésus, roi de

Lydie. Il devait sa richesse aux sables aurifères du fleuve Pactole qui descendait des hauts plateaux d'Anatolie. Ce monarque légendaire ne passait pas ses journées à compter ses pépites. Il fut un véritable entrepreneur : il produisait de l'huile d'olive dont il contrôlait étroitement la vente, il faisait frapper monnaie – des pièces d'or à tête de lion, très prisées dans la région. Il fut aussi un mécène généreux qui contribua à financer la reconstruction de temples grecs... Mais peu avant ses cinquante ans, il perdit une bataille contre les Perses de Cyrus... Ce revers militaire fut fatal à sa fortune. Il mourut l'année suivante.

Aujourd'hui, qui sont les enfants de Crésus ? Comment vivent ces riches du XXIe siècle ? Qu'aiment-ils ? Où habitent-ils ? Combien gagnent-ils ? Que font-ils de leur argent ? Offrons-nous, le temps de deux chapitres, une petite cartographie de la richesse dans le monde.

Qu'on ne s'y trompe pas. La fortune des vrais riches se compte en milliards de dollars. 26 pour Bernard Arnault. Vu sous cet angle, les stars françaises du show-biz sont presque indigentes. Pauvre Johnny Hallyday : avec des revenus 2006 s'élevant à 8,75 millions d'euros, la plus grande star nationale plante à lui seul le décor de la malédiction artistique gauloise : celle d'un marché confiné, francophone, dont les retours sont bien modestes au regard de ceux espérés par les chanteurs britanniques. Certes, le succès incontestable de son album, *Ma Vérité*, vendu à un million d'exemplaires, ajouté aux 900 000 spectateurs présents à ses concerts et aux 477 000 euros de royalties pour le film *Jean-Philippe* lui ont assuré une belle place de leader de la saison 2006. Mais on est loin d'un champion britannique comme Elton John. Au fond, l'équation Elton John/Johnny Hallyday est une vraie métaphore de notre problématique culturelle : d'un côté la mondialisation, de l'autre l'exception culturelle française. Johnny est suivi, avec un écart de « seulement » 5 millions d'euros, par Mylène Farmer : 3,28 millions de revenus annoncés. Jeune impétrante dans ce classement 2006, Diam's affiche au compteur des revenus de 2,66 millions d'euros après avoir écoulé plus de 740 000 albums. Suivent Benabar avec 2,18 millions d'euros, Renaud avec 2,02 millions d'euros, Anaïs avec 1,5 million d'euros et Olivia Ruiz 1,4 million d'euros. Nombre de ces artistes étaient inconnus l'année précédente, eux-mêmes n'auraient sans doute jamais imaginé figurer dans un palmarès de riches. « Il ne faut jamais se foutre de la gueule des riches car on ne sait pas ce qu'on peut devenir », écrivait Frédéric Dard dans *Les Pensées de San Antonio*.

L'année précédente, en 2005, Johnny était déjà le premier de ce palmarès de la variété. Mais il était entouré d'autres artistes : Michel Sardou, Alain Souchon, Raphaël, Gérald De Palmas, Florent Pagny et Calogero, qui ont momentanément déserté les couvertures des hebdos... économiques. Quels sont les véritables pourcentages engrangés par les artistes ? L'usage veut qu'un chanteur empoche entre 10 et 14 % du prix hors taxes d'un CD valant environ 16 euros. Les cadors comme Sardou ou Goldman négocient des droits compris dans des fourchettes plus élevées : entre 20 et 25 %. Si la promotion d'un album à la télévision se fait gratuitement – c'est l'une des dures lois du show-biz –, les passages radio, eux, sont plutôt rémunérateurs. Pour l'année 2004, c'est Corneille et son titre *Parce qu'on vient de loin* qui a enregistré le record des programmations : 13 844 passages ! Après enquête auprès de la Sacem, au premier semestre 2004, trois minutes de musique étaient rémunérées 178 euros par France Inter, 151 euros par RTL, 101 euros par Europe 1 et 29 euros par NRJ. Le prix est fixé en fonction des recettes de la station (publicité ou redevance), puis réparti entre auteur, compositeur et éditeur, selon une règle des trois tiers.

Certains artistes cumulent les casquettes. Pascal Obispo pilote une équipe d'auteurs-compositeurs qui fait tourner ses éditions Atletico et enregistre, entre autres, dans ses nouveaux studios au Cap-Ferret. Cabrel signe des tubes pour Isabelle Boulay et Patricia Kaas. Le prix d'un spectacle varie selon la notoriété du moment : une idole des seventies peut réclamer 10 000 euros pour un spectacle sur bandes, c'est-à-dire sans musiciens. Un jeune talent est coté 1 000 euros, mais un Jacques Higelin, capable de rassembler du monde dans une salle moyenne, peut présenter une facture de 25 000 euros. Calogero et ses collègues, réussissant à remplir un Zénith (6 000 personnes), peuvent atteindre les 60 000 euros par soir. Sardou, lui, encaisse entre 90 000 et 120 000 euros. Chaque concert rapporte à l'artiste de 10 à 20 % de la recette totale. Mais rappelons-le, le marché des artistes français étant souvent limité à l'Hexagone – et ses satellites francophones –, la cagnotte est par essence plus modeste que pour un artiste anglo-saxon. Dans les années quatre-vingt-dix, malgré leur talent, les membres du groupe de rock français Noir Désir n'ont pas amassé la fortune qu'à la même époque les Anglais d'Oasis, les Américains de Red Hot Chili Peppers ou les Australiens de Midnight Oil ont engrangée. À trop vouloir se situer dans l'exception, on se retrouve à la marge...

Reste le regard que nos artistes portent sur la valeur argent : « Les people français ont vraiment un truc avec l'argent que les autres n'ont pas, s'amuse Catherine Roig, journaliste au magazine *Elle* ; c'est très profond, très ancré dans la culture française. J'ignore d'où ça vient. Mais parfois, ça confine au tabou, et c'est agaçant. Pour mon métier, j'ai interviewé des centaines d'artistes de tous les pays du monde, et je ne retrouve cette gêne qu'avec les Français. Il y a quelques années, je me trouvais à Hollywood pour faire un papier sur la remise des Oscars. Cette année-là, je suivais une grande comédienne française tout au long de la soirée officielle. Cette comédienne est aussi une amie. Après deux ou trois jours sur place, elle décide d'acheter une très jolie robe qu'un couturier lui avait prêtée pour la soirée. Une robe d'une beauté incroyable, d'un prix de 15 000 dollars. Sans entrer dans les détails de prix, je décide de raconter l'anecdote dans le magazine. C'est alors que cette comédienne me supplie de ne rien écrire. Étonnée, je lui rappelle que j'avais carte blanche pour la suivre tout au long de son périple hollywoodien et pour évoquer en toute liberté son voyage. *Elle* est un hebdo consacré à la mode, à la tendance, au glamour, cela me contrariait franchement de ne pas parler de cette robe magique que des millions de téléspectateurs du monde entier avaient vue. C'est alors que mon amie comédienne me dit : "Catherine, je t'en supplie, tu ne peux pas me faire ça, mon créneau, c'est l'artiste de gauche, si on apprend que j'ai acheté une robe à 15 000 dollars, je suis grillée." Elle l'a achetée, bien entendu. J'ai renoncé à écrire cette anecdote. Chez nous, être riche, c'est contre-productif. Très mauvais pour l'image ! »

Les vedettes anglo-saxonnes n'ont pas attendu Paris Hilton pour parler effrontément d'argent. « Dans la vie, il n'y a pas que l'argent. Il y a aussi les bijoux et les fourrures », lançait, un rien superficielle, Elizabeth Taylor dans les seventies. « Je veux de l'argent simplement pour être riche », affirmait plus sobrement John Lennon. « En France, personne n'aime être désigné comme riche », remarque Louis Maurin, directeur de l'Observatoire des inégalités. À partir de quel seuil sommes-nous riches ? Il existe une estimation officielle du seuil de pauvreté : un peu plus de 650 euros de revenus mensuels pour une seule personne, soit la moitié du revenu médian en France. En revanche, il n'existe rien d'officiel pour les riches. Mais nombreux sont ceux qui réfléchissent au sujet. Louis Maurin propose que le seuil de richesse, par symétrie, corresponde au double du revenu médian. Soit 2 600 euros net par mois pour une personne seule, et 6 000 euros environ pour un couple avec deux enfants. Ces revenus sont confortables, mais la richesse ne se définit pas tant par les revenus que par les patrimoines, dont la concentration est bien plus importante que celle des revenus : selon l'Insee, en 2004, 10 % des ménages les plus riches détenaient près de la moitié du patrimoine total. Pas très probant pour le sociologue Louis Chauvel, professeur à l'Institut d'études politiques de Paris, pour qui la richesse n'est pas affaire de revenus : « Un revenu à peu près nul peut aller avec un patrimoine impressionnant, et pour vivre sur un grand pied, il suffit alors de déstocker son épargne. » De ce point de vue, Chauvel estime que François Hollande a raté sa fameuse attaque anti-riches : « La France, par son système fiscal, est un pays où il est à peu près impossible de constituer un patrimoine par le revenu de son seul travail salarié. La cible ne doit pas être le revenu du travail mais la rente. » Certes, le patrimoine supérieur à 760 000 euros est imposé par l'ISF. Certes, un revenu supérieur à 66 679 euros pour une personne seule en 2007 suffit à se voir appliquer le taux maximal de 40 % de retenue au motif de l'impôt sur le revenu. Mais cela ne satisfait pas Thomas Piketty, directeur d'études à l'École des hautes études en sciences sociales : « Les inégalités liées au patrimoine et notamment à l'immobilier sont croissantes. Selon que les parents peuvent prêter ou transmettre un logement, un même revenu de 4 000 euros pour une famille peut signifier un réel confort ou pas. » Louis Chauvel observe que « pour les seniors urbains qui ont acheté lorsqu'ils étaient jeunes, la plus-value sur leur bien est tantôt une divine surprise qui leur permet d'aborder plus sereinement le quatrième âge, tantôt un souci, car l'ISF vient les importuner ».

Trêve de babillages. Qui sont vraiment les *R and B* (*Rich and Beautiful*) ? Le magazine américain *Forbes* publie chaque année un classement des plus grosses fortunes de la planète. En France, les riches trouvent ce genre de palmarès un peu vulgaire : c'est culturel, ils répugnent à parler de leur argent. Chaque année, depuis treize ans, c'est Bill Gates qui emporte la palme d'or. En 2006, la fortune du fondateur de Microsoft est évaluée à 56 milliards de dollars. Pas de quoi pavoiser : *Le Monde* du 21 juillet 2007 publie dans un supplément la une d'une édition du *New York Times* consacrée aux plus grosses fortunes américaines. On y découvre que celle de John D. Rockefeller s'évaluait à 192 milliards de dollars, celle de Cornelius Vanderbilt atteignait 143 milliards et Lord Astor avoisinait les 116 milliards. Notons qu'avant l'explosion de la bulle Internet en 2000, monsieur Gates pesait 100 milliards. Il faut dire que William Henry Gates, né en 1955 à Seattle, s'y est pris assez tôt : dès l'âge de 13 ans, il avait créé avec son copain Paul Allen le Lakeside Programmers Group, qui offrait ses conseils aux sociétés de programmation du coin. Après un petit tour à Harvard, où il suivit des études de mathématiques, il créa à l'âge de 20 ans une petite PME répondant au nom de Microsoft. C'est IBM qui va vraiment consacrer le succès de l'entreprise en lui confiant la rédaction de ses DOS (Disk Operating System). La jeune pousse obtiendra l'autorisation de vendre le process à tous les fabricants d'ordinateurs, sans exclusivité... et elle le fera ! Suivront Microsoft Office, Windows, Internet Explorer... Aujourd'hui, 85 % des ordinateurs du monde sont équipés par Bill Gates.

L'avance de Bill Gates sur ses poursuivants du classement de *Forbes* fond d'année en année. Son partenaire dans les œuvres caritatives, l'homme d'affaires américain Warren Buffett, se rapproche avec 52 milliards de dollars de fortune personnelle. Fils d'un petit courtier de Wall Street, l'homme a créé voici plus de quarante ans un fonds destiné à gérer des portefeuilles boursiers. Ceux qui ont investi 10 000 dollars dans Berkshire Hathaway en 1965 sont aujourd'hui à la tête d'une fortune de plus de 50 millions de dollars... Buffett ne touche qu'un salaire de 100 000 dollars par an, vit dans la même maison depuis cinquante-cinq ans. Farouchement opposé au principe de l'héritage, il ne jure que par un bon Coca et un hamburger. Vient ensuite l'investisseur mexicain Carlos Slim, troisième avec 49 milliards. Ce dernier a réalisé « la plus forte progression de la décennie », souligne *Forbes*, en empochant 19 milliards supplémentaires d'une année sur l'autre. À tel point que, selon de nombreux experts, ce Midas d'origine libanaise, pape des télécommunications, est devenu à l'automne 2007 le véritable homme le plus riche du monde ! L'ensemble de ses participants constituerait environ 5 % du produit intérieur brut du Mexique. Ennemi du faste, ce veuf de 68 ans doté d'un impressionnant double menton, disposerait d'une fortune dépassant les soixante milliards de dollars... La famille suédoise Kamprad, fondatrice des magasins d'ameublement Ikea, est quatrième (33 milliards), talonnée par l'homme d'affaires indien Lakshmi Mittal (32 milliards).

Les riches se portent bien : la planète compte 946 milliardaires en dollars. C'est 153 de plus que l'an dernier. « De part et d'autre du globe, cette croissance est le simple reflet d'une économie mondiale dynamique », a commenté Luisa Kroll, directrice de *Forbes*. Au total, les membres de ce club fermé totalisent 3 500 milliards de dollars : une progression de 35 % par rapport à l'année précédente. C'est quasiment le double du PIB de la France, neuvième économie mondiale. On dénombre 415 milliardaires américains, 55 allemands et 53 russes. Ces derniers sont en tête du palmarès européen en valeur, avec un total de 282 milliards de dollars.

Et les Français ? On en dénombre seulement quinze. Ils sont emmenés par Bernard Arnault, 7e au classement général avec 26 milliards de dollars. Héritier d'une famille industrielle du Nord, le jeune polytechnicien prend la direction de l'entreprise de son grand-père, Fernet-Savinel, le camp de base de son empire. À propos de la fortune de son patron, Nicolas Bazire, directeur général de LVMH, est plutôt expéditif : « Ce classement qui ignore notre endettement n'a aucun intérêt. » Soit dit en passant, l'ancien directeur de cabinet de Balladur peut s'enorgueillir d'avoir réussi sa reconversion : son enveloppe vient de bénéficier d'une levée de stock-options de 30 millions d'euros. Mélomane avisé, Bernard Arnault est en apparence l'archétype du parfait gentilhomme français. Éduqué, passionné de chocolat, il s'entoure de Picasso, Cézanne et autres Klimt dans sa sphère privée. Côté business, c'est un félin. On raconte qu'il est même parvenu jadis à se jouer de Bernard Tapie. Tapie, épaulé par son avocat Jean-Louis Borloo, ambitionnait de racheter le magazine *Le Chasseur français*. Mais l'homme d'affaires, déjà propriétaire de Manufrance, n'avait pas le droit de posséder ce journal. Il prétend avoir alors demandé à Arnault d'en assurer le portage. Ce qu'il fit moyennant 80 millions de francs. À en croire Tapie, Arnault s'était engagé à lui rétrocéder le titre – version contredite par Arnault... Celui-ci revendit plus tard le mensuel à un tiers, empochant au passage la plus-value ! Aujourd'hui, Arnault est partout : de la distribution de vidéos aux États-Unis à l'immobilier en Russie, en passant par l'assurance en Chine, château Yquem, Cheval-Blanc... Le tycoon du luxe possède 47 % de Dior et LVMH, groupe qui comprend quelques jolies enseignes comme

Kenzo, Céline, Berluti, Givenchy, Fendi et bien d'autres. Suit, au palmarès hexagonal, la patronne de L'Oréal Liliane Bettencourt (20,7 milliards, 12ᵉ mondiale), qui peut s'enorgueillir d'être la femme la plus riche du monde (elles sont 83 dans le classement).

Les riches Français, cependant, se distinguent des autres riches de la planète sur deux points. Au regard de notre population, nous avons moins de riches que nos voisins, mais nos fortunés sont riches de père en fils ! Ces lignées dynastiques font de la France le pays le moins démocratique du monde pour devenir riche. Selon l'économiste Thomas Philippon, ce capitalisme hermétique est contre-productif : « L'actionnariat familial s'accompagne d'un management par les propres héritiers. Et souvent les comparaisons montrent que ce n'est pas très bon pour l'économie. » Cet archaïsme très XIXᵉ est-il nuisible ? On pourrait objecter qu'après tout, les groupes dirigés par des héritiers se portent bien. Thomas Philippon s'interroge : « Est-ce que les très bons résultats de Bouygues ou de Lagardère sont à mettre au crédit des héritiers à la tête de ces deux groupes ? Non. Ce sont les fondamentaux de ces entreprises qui expliquent leurs performances. En France, on aime les héritiers. Mais imaginons que pour sélectionner la prochaine équipe de France de foot, on aille chercher les fils de joueurs qui étaient autour de Platini, aurait-on la meilleure équipe du monde ? » Pour garantir la transmission des fortunes de parents riches vers leurs futurs enfants riches, George Bush a proposé voici quelques années de réduire les droits de succession, très élevés aux États-Unis. Les milliardaires américains n'ont pas aimé. Contre toute attente, ils ont dissuadé le président de mener à terme son projet, considérant que l'héritage est injuste dans son principe. La deuxième fortune du monde, Warren Buffett, suggère même le remplacement de l'impôt sur le revenu par une taxe sur les successions, dans le but de redistribuer les chances à chaque génération et d'éviter ainsi la création de ce que Buffett nomme un *lucky-sperm club*. Revenons à *Forbes* ; on note que ce classement ne dénombre aucun milliardaire africain. Les Chinois en revanche y font leur entrée. Ils sont déjà treize. Pas mal pour un pays toujours officiellement communiste. Dans la délégation chinoise, on compte un fabricant de raviolis et deux femmes. Nos milliardaires ont un âge moyen de 62 ans. Le plus jeune est l'Allemand Albert von Thurn und Taxis, âgé seulement de 23 ans.

Ces riches sont désormais concurrencés par les nouveaux maîtres du capitalisme mondial : les fonds d'investissement. En France, deux à trois ans ont suffi pour faire émerger ces nouveaux acteurs que sont Carlyle, KKR, Blackstone, Colony Capital, Apollo Management. Leurs cibles sont de plus en plus grosses : ayant absorbé depuis longtemps les PME françaises, ils lorgnent maintenant les géants du CAC 40. L'an passé, les fonds ont placé environ 75 milliards d'euros dans des entreprises du monde entier, prenant au passage le contrôle de plus de 8 000 d'entre elles. Un salarié américain sur quatre travaille pour un fonds, et un salarié français sur dix se lève chaque matin pour un de ces Big Brothers. 400 de nos entreprises (l'équivalent de 10 milliards d'euros) sont passées l'an dernier sous le contrôle d'un *private equity*, ce qui place la France au 3e rang des nations convoitées par les fonds, derrière les États-Unis et le Royaume-Uni. Beaucoup ignorent que ces fonds ont déjà pris le contrôle d'entreprises comme Picard surgelés, Legrand, Bureau Veritas, Dim, Spie Batignolles, Baccarat, AlloCiné, Afflelou, Europcar, le PSG, Cegelec, Accor, Quick, Aubade, TDF, le Lido, Revillon, Buffalo Grill, les Pages Jaunes... Ce n'est qu'un début, car Danone, Vivendi, Carrefour et autres trésors nationaux font saliver ces géants. Nombre de ces fonds proviennent des pays anglo-saxons. Pourtant, certains en France ont choisi de prendre part à cette équation nouvelle : c'est le cas d'Ernest-Antoine Seillière, l'ancien président du Medef, à la tête aujourd'hui du fonds Wendel Investissement, ou de Patrick Sayer, patron d'un important fonds français, Eurazeo, propriétaire d'Europcar, de l'électricien Rexel, d'Eutelsat, etc.

Comment les fonds d'investissements génèrent-ils de tels profits ? Le mensuel *Capital* fait œuvre pédagogique pour rendre explicite un mécanisme peu connu des Français : « Pour acquérir une société qui vaut 100, le fonds d'investissement met 30 de sa poche (il s'agit d'un pourcentage moyen) et emprunte 70 aux banques, en profitant des taux d'intérêt très faibles du moment. Pendant trois ou quatre ans, il va réorganiser l'entreprise avec le management en place, rationaliser la production, développer des activités et capter tout ou partie des profits pour payer les intérêts de sa propre dette. À la suite de quoi, il vendra la société 200, souvent à un autre fonds qui fera la même chose. Une fois remboursés les 70 empruntés, il lui restera 130 en poche pour une mise initiale de 30, soit plus de 300 % de taux de retour sur investissement en quatre ans. » Pour Gonzague de Blignières, patron du fonds Barclays Private Equity, « le vieux système ne fonctionnait plus : alors que le monde regorge de liquidités, les entreprises détenues par des familles ou des actionnaires anonymes ont paradoxalement les pires difficultés à lever des fonds nécessaires à leur développement. Les Bourses sont trop frileuses et les banques trop prudentes ». Stéphane Barret, banquier conseil des fonds chez Calyon, ne voit là qu'un acteur de plus au service de l'entreprise : « À chaque étape de la vie d'une entreprise correspond un type d'actionnariat. Selon qu'il faut mettre en œuvre des changements majeurs ou financer un certain type de croissance, les fonds ou la Bourse peuvent être adaptés. » Nombre de syndicats se lamentent de cette situation. Pourtant, à en croire une étude récente réalisée par le cabinet Constantin, les effectifs des sociétés françaises propriétés de fonds auraient crû en 2005 de 4,1 %, soit sept fois plus vite que la moyenne nationale. De même, les salaires y auraient augmenté de façon plus significative que dans le panel des 50 plus grosses entreprises nationales.

Après les milliardaires et les fonds, figure une troisième catégorie : les « riches pauvres », autrement dit les millionnaires en dollars. Selon la 11e édition du *World Wealth Report* de Merrill Lynch et Capgemini, leur club s'est étoffé en 2006. Dans cette catégorie, la France occupe la 5e place, derrière le Royaume-Uni (4e), avec 390 000 millionnaires. La France devance de peu la Chine qui en dénombre déjà 340 000. Le monde compte aujourd'hui 9,5 millions de millionnaires. Soit une augmentation de 8,3 % par rapport à l'an passé ! Au chapitre des bonnes nouvelles, on note que leurs avoirs ont augmenté de 11,4 % en 2006. C'est la plus forte hausse depuis 1999. Mais, fait nouveau, ces riches sont généreux : 11 % d'entre eux ont fait des dons à des fondations philanthropiques, en moyenne 7 % de leur patrimoine. Bill Gates fait des émules. Les missions philanthropiques sont d'autant mieux accomplies qu'elles sont optimisées par le savoir-faire de ces virtuoses de la finance. « Si j'étais très très très riche, je distribuerais mon argent jusqu'à ne plus être que très riche. Très riche, ça me suffit », s'amusait Philippe Geluck. Les Asiatiques et les Américains sont statistiquement plus généreux que les Européens. C'est une tradition, depuis John D. Rockefeller ou Andrew Carnegie, les riches Américains distribuent une part de leur fortune. Les sommes versées représentent 285 millions de dollars. Ce sont les plus fortunés qui se montrent les plus généreux : les

17 % les plus riches ont donné 10 %. Pour Marina Weimert, de Capgemini Financial Services, « beaucoup de nouveaux riches ont bâti eux-mêmes leur fortune. En donnant à des fondations, ils cherchent à rendre à la société ce qu'elle leur a donné. C'est particulièrement vrai aux États-Unis ». On observe que les causes choisies par ces chefs d'entreprise sont souvent des causes « utiles » socialement et que, détail significatif, ces derniers veillent à l'optimisation des fonds qu'ils distribuent. Les riches sont des entrepreneurs et secourir est une entreprise. Ils aiment mesurer les résultats de leurs actions, et cette comptabilité (tant d'enfants scolarisés, tant de malades soignés...), si elle est loin de rendre compte de tous les aspects de l'aide, crée un champ où des rivaux peuvent se défier. Les riches ont souvent l'esprit de compétition, et tant mieux si l'émulation, dans ce domaine aussi, bénéficie à tous.

« Le mauvais riche, c'est celui qui donne, parce qu'il gâche le métier », écrivait Léon Bloy. Souvenons-nous de ce 26 juin 2006 : Bill Gates et Warren Buffett s'embrassant dans un amphi bondé du Rockefeller Center à New York. Les deux milliardaires annoncent la mise en commun de leurs fortunes. Pour être précis, Warren Buffett offre 95 % de sa richesse, estimée alors à 44 milliards de dollars, à la fondation créée par le seul homme de la planète plus riche que lui : Bill Gates. Quelques mois plus tôt, Bill Gates a lui-même versé 31 milliards de dollars à cette même fondation, après avoir annoncé qu'il allait désormais lui consacrer l'essentiel de son temps. Avec ce trésor de milliardaires, la fondation de Bill et Melinda Gates est devenue de très loin la première au monde, devant celle créée par le fondateur d'Ikea. Certes, quelques observateurs français un peu chafouins, orthodoxes dépositaires du réflexe gaulois, ont fait savoir que ces donations permettaient au patron de Microsoft une défiscalisation à 100 %. Ils auraient pu ajouter qu'avec les 5 % restants de son patrimoine, Gates peu encore vivre aisément. Toutefois, rappelons qu'en 2005, les milliardaires américains ont donné plus de 260 milliards de dollars, soit 2,3 % du produit intérieur brut du pays. Il en va ainsi de l'ancien patron de Citigroup, Sandy Weill, qui a annoncé publiquement son « pacte avec Dieu », léguant la totalité de sa fortune à des fondations caritatives. Le célèbre spéculateur Georges Soros a donné 206 millions de dollars pour la réhabilitation du système éducatif de plusieurs pays d'Europe de l'Est. David Filo, cofondateur de Yahoo !, vient de verser 30 millions de dollars à l'université de Tulasne. Le Britannique sir Richard Branson, fondateur du groupe Virgin, a choisi de verser les profits de ses activités de transport à la fondation pour l'environnement créée par Bill Clinton. Ce qui représentera environ 3 milliards de dollars sur dix ans. De même, sir Tom Hunter, un milliardaire écossais qui a fait fortune dans la distribution, vient de verser 55 millions de livres sterling à cette même fondation. Ailleurs en Europe, on trouve d'autres exemples tout aussi frappants : le milliardaire allemand Klaus Jacobs, principal actionnaire du groupe Adecco, s'est engagé à verser 200 millions d'euros à des universités en Allemagne. Selon Danièle Guinot du *Figaro*, « en Chine, et depuis peu en Inde, la notion de solidarité communautaire joue beaucoup. Et certaines grandes fortunes, comme le milliardaire hong-kongais Li Ka-shing, n'hésitent pas à donner des milliards pour améliorer la condition des pauvres ». Li Ka-shing a promis un tiers de sa fortune (estimée à plus de 19 milliards de dollars) à sa fondation, et Jackie Chan, le célèbre acteur de films d'arts martiaux, a surenchéri en donnant la moitié de la sienne. Si les Chinois riches vont sponsoriser les universités et la recherche en créant des bourses d'études, les Européens, eux, mettent l'accent sur l'aide aux pays en voie de développement. Notons au passage que les millionnaires européens sont, avec les sud-américains, les plus radins. Ils ne sont que 6 % à donner. Et ils ne se délestent en moyenne que de 5 % de leur fortune. La générosité des riches est fonction d'une paramétrie complexe. Le riche positionne le curseur de sa générosité en fonction de critères culturels propres, de ses origines sociales, de son pays. Le biotope est donc prépondérant.

Au début du siècle dernier, le fondateur de la banque Morgan, John Pierpont Morgan, avait édicté un principe : « La rémunération du dirigeant d'une entreprise ne doit pas excéder trente fois celle de son salarié moyen. » Rockefeller, à la même époque, fixait le multiple maximum à 40. Olivier Besancenot, plus récemment, proposait de le plafonner à trois fois le Smic... Reste qu'en France le P-DG moyen du CAC 40 a gagné en 2006 en moyenne 2,2 millions d'euros, soit soixante-dix fois plus que le salarié français moyen (aux États-Unis, selon le syndicat AFL-CIO, on atteint environ quatre cents fois le salaire moyen). Le patron de Gaz de France affiche la rémunération la plus modeste : 433 593 euros, en compagnie du P-DG de Vallourec, nouveau venu dans le CAC 40 : 698 500 euros. En tête du classement, notre Bill Gates version luxe, celui qui empoche tous les records nationaux : Bernard Arnault. Le principal actionnaire de LVMH a perçu 4 058 277 euros en 2006. Il succède à Lindsay Owen-Jones, l'ex-patron de L'Oréal qui a passé la main au cours de l'année 2006 à Jean-Paul Agon. Le deuxième patron le plus payé de France est Daniel Bouton, de la Société générale : 3 550 000 euros tout de même. Henri de Castries, d'Axa, et Jean-François Dehecq, de Sanofi-Aventis, arrivent ensuite. Selon les experts du cabinet d'analyse financière Proxinvest, « ces chiffres ne représentent que la moitié de ce qu'ils empochent vraiment ». Parmi les petits bonus sur lesquels nos hérauts de la gouvernance peuvent compter, il y a les jetons de présence. Prenons l'exemple de Claude Bébéar, véritable docteur *honoris causa* du capitalisme français : il peut compter chaque année sur un revenu de 127 500 euros provenant de ces conseils d'administration ennuyeux auxquels il participe. Autre exemple : Axa verse au patron de Vivendi, Jean-René Fourtou, 119 000 euros de jetons. En moins de six mois, le jeune retraité de PSA, Jean-Martin Folz, s'est transformé en administrateur version VRP multicarte. Ce polytechnicien siège désormais au conseil de surveillance de Carrefour, de la Société générale, d'Axa, de Saint-Gobain, de Solvay et d'Alstom... Cette consanguinité est un des plus terribles fléaux du capitalisme français, un capitalisme de copains, où tout est dans tout, où les administrateurs s'administrent entre eux, selon la bonne vieille règle officieuse : « Tu es dans mon conseil d'administration, je suis dans le tien. » Une pratique dénoncée par nombre d'acteurs étrangers, comme d'ailleurs par les banquiers Marc Viénot et Daniel Bouton, dans un rapport sur la bonne gouvernance des entreprises.

En 2006, huit patrons ont subi une érosion de leurs émoluments et dix ont bénéficié de hausses dépassant 20 %. En revanche, les attributions de stock-options, qui bénéficient d'un régime fiscal favorable et offrent un fort effet de levier, sont restées considérables. L'attribution la plus importante est revenue l'an dernier à Lindsay Owen-Jones, avec 2 millions d'options de souscription d'actions, en récompense de « l'exemplarité de sa succession », précise le champion de la cosmétologie. Mais le rapport met aussi en avant la performance boursière de L'Oréal, multipliée par 25 entre octobre 1984 (date d'entrée en fonction de

Lindsay Owen-Jones) et avril 2006. « Après tout, reprend Franck Dedieu de *L'Expansion*, peu importe le nombre de zéros sur le chèque si les performances de l'entreprise suivent. Entre 2001 et 2006, Thierry Desmarest (Total) gonfle de 45 %, mais ses résultats explosent. Idem pour Henri de Castries, récompensé par un salaire en hausse de 67 %. » Cette surenchère ne laisse pas d'étonner ou de scandaliser, car dans la pratique, il n'existe aucun lien réel entre performance et rémunération. Considérons l'exemple de Carlos Ghosn. Le P-DG de Nissan-Renault s'octroie une augmentation de 38 % en 2006 alors que les résultats de Renault reculent de 15 % et que ceux de Nissan affichent une baisse de 11 % sur le bénéfice net 2006-2007. À la dernière minute, interpellé à l'assemblée générale du groupe nippon par un petit porteur qui demandait son départ, celui que l'on considéra longtemps comme le meilleur manager de l'industrie automobile mondiale décida de supprimer les bonus pour les neuf premiers dirigeants de la firme...

Inféodés à cette culture du « toujours plus », sans limites, les patrons français ont fait le choix de rehausser leurs ambitions en les ajustant sur leurs pairs les mieux dotés. C'est désormais une réalité, chaque année, les cadors du business national redoutent de se retrouver dans le bas du tableau des rémunérations. La peur du ridicule... Figurer en tête du tableau des émoluments sonne comme une victoire. Être en bas constitue en revanche un acte de défiance. Il y a un côté costard en tergal chez les moins d'un million par an que sont Cirelli (GDF), Verluca (Vallourec), Gallois (EADS), Gadonneix (EDF), Fontanet (Essilor), Dangeard (Thomson)...

Reste ce que Pierre Bilger appelle « le capitalisme de casino », c'est-à-dire la valse des stock-options. Rappelons que le principe des stock-options réside dans le droit d'acquérir une action de son entreprise à un cours de Bourse fixé à l'avance et de la revendre plus tard au prix du marché. Aujourd'hui, environ 141 000 managers employés par des entreprises du CAC 40 se partagent un pactole de 18 milliards d'euros. Ou plutôt du CAC 38... car EDF et Gaz de France ne distribuent pas de stock-options. Au total, ces salariés représentent 4 % des personnels employés par ces majors françaises. À ce jeu, en 2006, les gains potentiels des P-DG du CAC 40 franchissent le milliard d'euros. L'idée est simple : quand le cours est bas, quand la Bourse est morose, les patrons achètent. Pour revendre quand on est au top. Les stock-options, c'est le treizième mois des grands patrons français. Un treizième mois qui peut se chiffrer à plusieurs dizaines de millions d'euros voire plusieurs centaines... Pour Patrick Bonazza, rédacteur en chef du service économie du *Point* et auteur des *Goinfres*, « dès que l'on parle rémunération, on a l'impression que l'intelligence disparaît des sommets pour ne plus faire place qu'à des querelles d'ego, ou pire, à de sordides calculs d'intérêts. L'estomac prend la place du cerveau. Car de l'intelligence, par ailleurs, nos P-DG n'en manquent pas. La plupart sont brillants. Ils décryptent avec aisance les enjeux de la mondialisation ou l'avenir de la Chine ».

Leur maître à tous, sur ce sujet, est incontestablement Antoine Zacharias, dit le Gargantua des temps modernes. Poussé vers la sortie de Vinci après quinze ans d'ancienneté dont presque dix de présidence, Zach a contribué à hisser le groupe au premier rang mondial du secteur de la construction. Seulement voilà, le manager qui a lui-même donné le nom de Vinci à l'ancienne branche BTP de la Générale des eaux possède une voracité sans nom. Au motif qu'il a bien servi l'entreprise, il brûle de bien se servir lui-même, juge Patrick Bonazza a posteriori. Outre sa rémunération de 3,7 millions d'euros en 2005, il obtient une « retraite chapeau » de 2,2 millions d'euros par an et une indemnité de départ de 13 millions. Au passage, Antoine Zacharias réclame aussi 8 millions d'euros de prime pour le rachat réussi des Autoroutes du sud de la France – 8 millions d'euros pour avoir rempli sa mission au nom de ses salariés et de ses actionnaires... alors que Vinci était le seul candidat au rachat des ASF ! Ces broutilles ne seraient pas grand-chose s'il n'y avait la plus-value potentielle sur ses stock-options : 255 millions d'euros environ... Aux dernières nouvelles, depuis son QG suisse, Zacharias ne semblait pas rassasié. En conflit avec son successeur à la tête de Vinci, Xavier Huillard, il réclame un rab de 81 millions d'euros. Motif : l'annulation de quelques milliers d'options par les nouveaux dirigeants du groupe de BTP qui estimaient Zacharias déjà bien servi. « Une question de principe », précise l'avocat de Zacharias. Même la présidente du Medef, Laurence Parisot, se déclarera « écœurée ».

Au palmarès des plus-values, suivent en 2e et 3e positions Lindsay Owen-Jones et Bernard Arnault. Ils dépassent l'un et l'autre la barre des 100 millions d'euros. Notons cependant que si ces chiffres impressionnent, c'est parce que le marché est à la hausse. D'ailleurs, selon *L'Expansion*, 58 patrons du CAC 40 ont déjà vendu leurs stock-options entre janvier 2006 et l'été 2007, empochant au passage un total de 58 millions d'euros. Jean-Louis Beffa, par exemple, le patron de Saint-Gobain, a touché un jackpot de 11,9 millions d'euros en vendant les siennes. Gérard Mestrallet, patron de Suez, vient de réaliser une vente d'actions pour un montant de 6,4 millions d'euros. Rappelons-le : seuls deux patrons ne touchent pas de plus-values : Jean-François

Cirelli de Gaz de France et Pierre Gadonneix d'EDF. Les grosses entreprises pratiquent aussi le « golden hello ». Lorsque Pat Russo, la nouvelle directrice d'Alcatel, entre en fonction, on lui offre 390 400 stock-options. En première lecture, cela semble impressionnant. En réalité, ces plus-values ne sont que broutilles au regard des profits réalisés par les entreprises.

Cette dérive du capitalisme français ne manque pas cependant d'inquiéter Jacques Marseille dans *Le Point* : « Ces tornades d'euros qui font chavirer nos élites des affaires et bousculent nos élites politiques évoquent immanquablement l'affaire du collier de Marie-Antoinette qui, quatre ans avant la prise de la Bastille, avait retourné une opinion indignée par les folies et les gaspillages des grands. Je ne voudrais pas que les patrons soient sacrifiés sur la place publique. Leur rôle est trop important pour l'avenir de nos sociétés. » Tout le paradoxe de cette affaire ultra-médiatisée tient au fait que Zacharias méritait certainement une forte rémunération et que par ailleurs les salariés actionnaires, très nombreux dans le groupe Vinci, ont aussi profité de la croissance du groupe. Ce patron a juste explosé le seuil d'acceptabilité de la société française. « Le capitalisme n'est pas immoral, il est amoral, juge, amer, le comédien Bruno Solo. Et quand les patrons dérapent, ça devient obscène. Les plus lâches sont tout de même les quelques politiques qui font semblant de s'étonner et de découvrir le truc : à chaque fois, cette tartufferie me fait sourire. Et en plus, certains de ces managers sont des mauvais, ce qui ne les empêche pas de partir avec un gros chèque. Quand je vois LU racheté par une société américaine alors que l'entreprise est bénéficiaire, je me dis qu'il y a quelque chose de pourri au royaume de France. C'est quand même un sujet grave : des employés vont rester sur le carreau. Il y a une logique du profit

pour le profit qui oublie que ce petit plus pour l'actionnariat va amener un grand moins pour des familles
entières. Il devrait y avoir une réflexion altruiste, morali-
sante, qui empêche ce genre de chose. L'argument qui
dit : le monde est comme ça, il faut faire avec, me semble ridicule. De savoir qu'il y a aux États-Unis quelques
actionnaires qui ont dit : Nous, on veut un peu plus que
ce qu'on a déjà, sans penser aux conséquences, sans
réfléchir, me révulse. »

Effet Sarkozy oblige, un vent de vertu rafraîchit les
rangs du haut patronat français. Ou, à défaut de vent,
une petite brise. Un souffle. Henri de Castries, le
patron d'Axa proche du président, vient de renoncer
pour l'exercice 2007 à ses stock-options et à ses actions
gratuites. Les quatre dirigeants de Havas, nommés par
Vincent Bolloré, autre proche de l'Élysée, ont accepté
un plafonnement de leur intéressement à 6 millions
d'euros par personne sur la période 2003-2010. Louis
Gallois, nouveau patron d'EADS, n'a pas manqué pour
sa part de fustiger la « loterie » des stock-options.
Quant au député des Hauts-de-Seine Patrick Ollier, il
estime « qu'en cas d'échec industriel, on doit pouvoir
empêcher un patron de lever ses stock-options ». Au
Royaume-Uni, presque toutes les options obéissent à
un préalable : le succès. Un chef d'entreprise n'attei-
gnant pas ses objectifs doit renoncer à tout ou partie
de ses stock-options. Reste que pour d'autres patrons,
plus « old style », la richesse est aussi ailleurs... Ainsi,
le célèbre Albert Frère, « le maître du CAC 40 ». Si sa
fortune personnelle ne représente que 3 milliards
d'euros, sa sphère d'influence va bien au-delà. Au travers de ses holdings Groupe Bruxelles Lambert (GBL)
et Compagnie nationale à portefeuille (CNP), il
contrôle en réalité une vingtaine de milliards d'euros
d'actifs : plus de 5 % de Total et Pernod Ricard, près

de 10 % de Suez, 16 % de Lafarge, 26 % d'Imérys...
Albert Frère est donc « une petite Caisse des dépôts à
lui tout seul », s'amuse un connaisseur. Du coup, il
est devenu en quelques années l'homme le plus
informé, le plus consulté, le plus écouté des patrons.
Une espèce de parrain du capitalisme européen.
Depuis le décès de Gianni Agnelli, il est le dernier
grand condottiere européen.

2

Mais que font-ils de leur argent ?

« La richesse consiste bien plus dans
l'usage que dans la possession. »

Aristote.

Comment se divertissent les riches ? Au chapitre de la
plus grosse excentricité de milliardaire, c'est l'Américain
Charles Simonyi qui l'emporte en s'offrant une prome-
nade céleste au prix de 25 millions de dollars. Il a pris
place à bord d'une capsule Soyouz avec deux membres
de l'équipage de la station spatiale internationale : le
Russe Mikhaïl Tyourine et l'Américain Miguel Lopez-
Alegria. Après un voyage sans encombre, le trio a atterri
dans les steppes du Kazakhstan. Charles Simonyi, un
informaticien de 58 ans ayant fait fortune chez Microsoft, est le cinquième touriste de l'espace, après les
Américains Dennis Tito (2001) et Greg Olsen (2005), le
Sud-Africain Mark Shuttleworth (2002) et l'Américaine
d'origine iranienne Anousheh Ansari (2006). La société
Space Adventures qui organise ces voyages veut y ajouter
l'an prochain un circuit autour de la Lune pour 100 millions de dollars.

Au fond, la « business attitude » des riches patrons français n'a rien de commun avec la démesure des Américains

ou le panache façon *Indiana Jones* d'un Richard Branson. Le riche français est plutôt convenu. Il obéit souvent aux mêmes codes sociaux. Une analyse psychosociale nous entraînerait rapidement vers cinq ou six grandes familles de comportements. Le premier marqueur social, le plus en vogue, c'est la tradition. Commode, elle permet d'accréditer l'idée que le riche possède une fortune ancrée dans l'histoire de sa famille et dans celle de la France. Ce riche-là aime la chasse. Cette chasse élégante et raffinée que Jean Renoir nous donnait à voir dans son chef-d'œuvre d'avant-guerre, *La Règle du jeu*...

La chasse, dans la représentation collective, a quelque chose d'aristocratique, un art dépositaire de la tradition d'Ancien Régime. Un rituel social qui vous positionne dans le camp des « riches depuis longtemps » par opposition aux « nouveaux riches » : ceux qui ont eu le bon goût de ne pas succomber à la superficialité de Saint-Tropez ou aux attraits d'une vulgaire Ferrari rouge flambant neuve. La chasse c'est chic, c'est discret, on s'y constitue un réseau. Pour le P-DG parisien, la Sologne est idéalement située. Inutile de recevoir tous les week-ends : Olivier et Martin Bouygues, par exemple, installés depuis toujours dans les domaines de Luet et de Blancheron (Vannes-sur-Cosson) et depuis 2002 dans l'ancienne propriété de Roger-Patrice Pelat à La Ferté-Saint-Aubin, n'organisent que trois ou quatre journées de chasse durant toute la saison. « Mais, raconte un participant forcément anonyme, ce jour-là, il faut régaler la galerie. Ce doit être un sans-faute. » Le son et lumière commence dans le parking, véritable florilège du dernier Mondial de l'automobile, transposé en forêt solognote, où chacun dévoile sa récente acquisition, sans avoir l'air d'y toucher. Bien évidemment, on regarde discrètement, et on évite de parler voitures. Puis chacun dégaine son arme. Pour ne pas se tromper, on choisira une paire de Purdey, fusil anglais bien entendu à platine, fabriqué par le fournisseur officiel de la famille royale d'Angleterre. Chaque paire atteint a minima 200 000 euros. On pourra aussi faire le choix d'un Holland Holland, fait sur mesure, d'un Aya ou d'un Heym double express finition platine, de facture allemande, à environ 15 000 euros l'unité. Les fusils chic s'achètent par paire, car dans les chasses de bonne tenue, un chargeur professionnel est indispensable pour suivre les cadences de tir et honorer les tableaux. En clair, il recharge le fusil avec lequel vous venez de tirer, pendant que vous utilisez le second. Pour la chasse au gros, on privilégiera le double express Rigby, ou pour les meilleurs tireurs, des carabines à un coup Kipplauff, à canon octogonal, entièrement faites à la main et d'une précision exceptionnelle pour l'approche. Une partie de chasse s'apprécie à la qualité du gibier et à l'importance du tableau réalisé. Le soir, les pièces sont étalées sur le sol, à l'entrée de la propriété ou du relais de chasse. Lors d'un week-end à l'automne 2006 chez un grand patron français, 58 sangliers composaient le tableau, escortés de 16 chevreuils.

Discrètes, les gâchettes issues du milieu des affaires se terrent dans leurs domaines. Les Peugeot ont choisi la région de Mulhouse. Nombre de grosses fortunes du Nord se donnent rendez-vous à la chasse Catry, dans la Somme. Les fortunes de l'Est et de la Suisse se retrouvent dans la chasse de Bernard de Reinach à Michelbach dans le Haut-Rhin. Selon un initié, « cette chasse à elle seule met en présence plus de 10 milliards d'euros de fortunes européennes ». En Sologne, presque tout le monde se connaît : outre les Bouygues, la famille Wertheimer (Chanel), Yves Forestier (patron du Petit Forestier, entreprise de location de camions frigorifiques), Claude Bébéar, qui a acheté le domaine de la Porte, à la sortie d'Orléans, François Bich, dirigeant du groupe Bic, les familles Pernod ou Vuitton sont des habitués.

Sans oublier le très discret Bernard Lozé, propriétaire d'un château à Ligny-le-Ribault. On murmure que les chasses de cet ancien administrateur de Ioukos sont des plus soignées, depuis le carton d'invitation écrit à la plume Sergent Major jusqu'au dîner où le caviar se déguste sans modération...

Non loin de là, dans les forêts des environs de Paris, la chasse à courre est très en vogue. La sociologie de cet art très prisé change. Si le grand patron chasse à tir, il ne goûte guère ce folklore ancestral qui fait la joie des journaux régionaux de France 3, mais où les tableaux de chasse sont par essence réduits. Confidence du président d'une célèbre multinationale américaine : « J'ai été invité à plusieurs reprises par un de mes gros clients dans une chasse à courre, dans l'ouest de la France. Face à son insistance, j'ai fini par accepter son invitation. Ce fut un calvaire : de faux aristocrates prétentieux, des veuves emmerdantes, des promeneurs du dimanche qui viennent détailler les costumes et les chevaux comme si nous étions un musée vivant. C'est un mauvais souvenir. Cela m'a fâché avec toutes les formes de chasse. » La chasse à courre intéresse toutefois certaines grandes fortunes, comme le prouve l'illustre équipage de Nadine de Rothschild... Mais chaque année l'activité devient de plus en plus coûteuse : outre les chevaux et l'entretien des meutes, il faut encore louer des forêts domaniales, pour une durée de douze ans. Hélas, lors de la dernière adjudication réalisée par l'État en 2004, le tarif annuel à l'hectare a flambé à 32 euros.

La solution la plus discrète, celle que les vrais riches préfèrent, c'est la chasse à l'étranger. Il convient de débuter par un périple de quatre ou cinq jours à deux ou trois heures d'avion de Roissy : le canard dans les Pays baltes ou le sanglier dans les Carpates. Là, les prix sont abordables (moins de 10 000 euros). Rapidement, le virus les transporte dans la véritable aventure : le safari africain ou la chasse aux mouflons rares dans les steppes de Russie et d'Asie centrale. Nos hommes d'affaires y traquent des Marco polo, markhors, urials et autres espèces rares dont les taxes d'abattage consenties par les autorités locales sont élevées. Les camps de chasse, situés dans des zones désertes ou montagneuses, sont en général desservis par hélicoptère. Les chasseurs, eux, progressent à cheval ou à pied. Selon Guy d'Arvenne, organisateur de chasses en Russie depuis plus de dix ans, « il s'agit de chasses très sportives voire de l'extrême. Elles contrastent avec le côté bourgeois et pépère des chasses en battue françaises. Elles sont aussi très chères. Le premier safari africain où l'on chasse des variétés d'antilopes comme le grand coudou, le sable, l'élan de Derby, le bongo, ou bien des buffles, coûte environ 20 000 euros par personne. Mais les prix peuvent monter jusqu'à 150 000 euros pour ce que les initiés appellent un "big five" : un lion, un buffle, un éléphant, un léopard et un rhinocéros. Auxquels il conviendra d'ajouter une vingtaine d'antilopes. Si la qualité des trophées prélevés est exceptionnelle, un joli "big five" peut coûter 200 000 euros. Tous les animaux chassés le sont dans la légalité », ajoute Guy d'Arvenne.

Ces chasses de prestige à l'étranger constituent un vrai marché. Des guides comme Renaud Desgrées du Loû, ou François Dannaud, accompagnent régulièrement les grands de ce monde vers ces territoires d'aventure. Ces hommes respectés organisent de véritables safaris sur mesure pour deux ou trois fusils, voire, dans certains cas, pour une seule gâchette... On se souvient de Maurice Patry, disparu aujourd'hui. Le guide de chasse africain du président Giscard d'Estaing disposait de sa chambre personnelle à l'Élysée quand il était de passage à Paris.

Pourtant, posséder de l'argent ne suffit pas pour être un bon riche. Le monde des grands forme un enclos protégé qui mène la vie dure à ceux qui souhaitent y pénétrer avec, comme seul laisser-passer, leur fortune. Premières victimes de cet ostracisme : les « nouveaux riches », prétendants à une reconnaissance qu'ils ne peuvent asseoir sur une lignée. En construisant sociale-ment la figure du « nouveau riche », l'élite traditionnelle lui oppose une légitimité qui doit moins à la seule pos-session d'argent qu'à l'ancrage dans une histoire et dans une géographie. Selon le sociologue Damien de Blic, « pour réellement appartenir à la haute société, il est essentiel de posséder trois autres formes de capitaux : le capital social, soit, comme le disait Pierre Bourdieu, "l'ensemble des relations mobilisables qui permettent de décupler les pouvoir de chacun". Il est entretenu par les rallyes, réceptions et autres cercles ; le capital culturel, qui désigne non seulement l'excellence scolaire, mais plus encore un rapport de familiarité et d'aisance avec la culture classique la plus pure. Les tableaux de maîtres qui ornent les demeures en sont une expression. Enfin, le capital symbolique qui synthétise toutes les autres for-mes de richesse et les change en prestige. Seul le temps semble en mesure de le produire. Le nom de famille en est une des sources les plus solides : appartenir à une famille illustre est le meilleur moyen pour que "s'opère le travail de magie sociale qui transforme les privilèges en qualités innées, inhérentes à l'individu" et éloigne définitivement toute corrélation jugée abusive entre richesse et position sociale. Les nouveaux venus réussis-sent difficilement à acquérir ce capital symbolique pour eux-mêmes, mais ces nouveaux riches sont parfois habités de désirs dynastiques et travaillent alors à convertir leur capital économique dans les autres capitaux des classes dominantes, en faisant en sorte que leurs descendants s'emparent des attributs de la vieille bourgeoisie par leur éducation, leurs fréquentations et un nom qui se patine ».

Comme la chasse, le vignoble fleure bon la tradition. Le côté snob en moins. Car la chasse est interdite aux métiers du show-biz : tuer des animaux n'est pas convenable. La vigne constitue donc un vecteur d'image beaucoup plus politiquement correct. Avec ce retour au terroir, le riche s'achète une image d'authenticité. Le message est clair : « J'ai su rester vrai malgré ma fortune, malgré le stress de la vie citadine, malgré les rapports humains faussés par les pièges de la notoriété et de l'argent. » Alors que des lots de « vins de stars » sont vendus sur le site eBay et que de plus en plus de séances de dégustation sont organisées sur ce thème, il était temps de s'interroger sur ce phénomène qui jusqu'alors intéressait avant tout les notables et les industriels. Au-delà de l'image romantique du gentleman-farmer et du prestige associé au vin, les stars en question sont loin de poursuivre les mêmes intérêts. Quoi de commun entre Francis Cabrel qui cultive des vignes à proximité de chez lui, Madonna qui porte secours à son père viticulteur en difficulté financière, et Christophe Lambert, homme d'affaires avisé ?

Une chose en revanche est certaine : un vin associé à l'image d'une star se vend mieux. Il est d'ailleurs fréquent que des viticulteurs fassent appel à des sportifs pour baptiser une cuvée à leur nom : c'est le cas de Laurent Jalabert et Bernard Laporte avec les vins de Gaillac. Le vin, c'est bon pour l'image, mais pour le business, c'est autre chose. Les propriétaires doivent attendre plusieurs années avant d'espérer rentabiliser leur investissement. Aux États-Unis, le phénomène est différent car la vigne devient un marché comme un autre où il est bon d'investir, au même titre que dans un restaurant ou une boîte de nuit. La plupart du temps, les personnalités anglo-saxonnes ne se contentent pas d'être propriétaires, elles commercialisent leurs vins sous leur nom qui a valeur de marque. C'est le cas également de quelques people en France, dont Jean Tigana.

Concrètement, les stars mettent rarement la main à la pâte, faute de compétence technique et de temps, puisque la quasi-totalité d'entre elles n'habitent pas en permanence sur les lieux. Certaines ne font que vendre leur image et empocher de l'argent comme Bob Dylan, d'autres sont totalement impliqués dans leur affaire. On se souvient du légendaire Jean Carmet, l'inventeur de l'expression « vin de soif ». Son ami Gérard Depardieu est sans conteste le plus médiatisé des vignerons-stars et celui qui sait le mieux en tirer profit. Pour notre Cyrano national, tout commence il y a trente ans, lorsqu'il achète un hectare de vignes en Bourgogne. Sa passion pour le vin le mène ensuite à faire l'acquisition d'un vignoble en Anjou en 1989. En 2001, il rencontre le négociant en vins et spiritueux Bernard Magrez, propriétaire de grands crus dont le célèbre Pape-Clément, et P-DG de William Pitters. Les deux hommes s'associent au travers de la société Vins d'exception. Dès lors, l'acteur passe à la vitesse supérieure et multiplie les acquisitions. Gérard Depardieu commence par racheter le château Gadet dans le Médoc et quelques parcelles rares à Aniane dans l'Hérault. Il met ensuite la main sur le château Lussac-Saint-Émilion en partenariat avec Carole Bouquet. Enchanté de ses placements, il achète aussi de la vigne au Maroc, en Algérie, en Espagne, en Argentine. Aujourd'hui, Gérard Depardieu possède plusieurs autres vignobles français disséminés entre le Haut-Médoc et le pays d'Oc, et reste à l'affût de nouvelles vignes à acquérir. De nombreuses autres stars françaises et étrangères ont aussi choisi le vignoble... Sting produit un chianti dans sa propriété de Toscane sous le nom de Il Serrestori. Même chose pour le chanteur Zucchero qui a baptisé son vin El Spirito Divino. Bob Dylan, lui,

s'est associé à l'Italien Antonio Terni qui produit du vin
sous son nom dans son domaine, Le Terrazze, dans la
région des Marches, en Italie. Francis Ford Coppola possède le domaine Niebaum-Coppola depuis 1975 à
Rutherford en Californie – la Californie où l'acteur
Danni De Vitto possède aussi des vignes. Eleanor Coppola et son fils Roman participent activement à la gestion du domaine familial. Très porté sur le marketing
familial, le cinéaste a baptisé plusieurs cuvées du nom
de sa fille Sofia. Michael Lynne, le producteur du *Sei-*
gneur des anneaux, a acheté des vignobles dans la région
de Long Island dans l'État de New York. Le comédien
Sam Neill a fondé trois vignobles sous le nom de Two
Paddocks dans le Central Otago, au sud de la Nouvelle-
Zélande. Madonna est copropriétaire avec son père
Tony Ciccone du Ciccone Vineyards à Suttons Bays dans
le Michigan. Côté français, Jean-Louis Trintignant a
investi dans les côtes-du-rhône. Il possède le domaine
Rouge-Garance à Saint-Hilaire-d'Ozilhan dans le Gard.
Le metteur en scène Jérôme Savary exploite une propriété viticole dans l'Aude. Francis Cabrel a créé son
vignoble dans le Brulhois (Lot-et-Garonne). Luc Besson
est copropriétaire d'un saint-chinian, le domaine de
Senaux à Mézeilles dans le Languedoc. Christophe Lambert a des parts dans un côtes-du-rhône, le domaine la
Grand-Ribe à Sainte-Cécile-les-Vignes dans le Vaucluse,
ainsi que dans le château Tour-Seran dans le Médoc. De
même, Pierre Richard gère un vin dans les Corbières :
le domaine château Bel-Évêque dans l'Aude. Carole
Bouquet a rompu son engagement avec Bernard Magrez
au château de La Croix-de-Peyrolie, un saint-émilion de
Lussac. Elle veut se consacrer désormais à son Moscato
Passito Di Pantelleria produit sur l'île de Pantelleria en
Sicile. Les sportifs aiment aussi le vin : Jean Alesi a jeté
son dévolu sur un terroir des côtes-du-rhône, le Clos de
l'Hermitage. L'ancien pilote de Formule 1 Mario

Andretti a créé le groupe Andretti Winery dans la vallée de Napa en Californie. Michael Schumacher possède un vignoble à Saint-Raphaël. Comme l'escrimeur Philippe Riboud installé au château Roubine, cru classé de Provence. Bixente Lizarazu possède le château Plaisance, grand cru de saint-émilion à Capian. David Beckham possède le domaine Saint-Vincent à Bargemon dans le Var. Le footballeur Jean Tigana s'est séparé de son château Bibian-Tigana dans le Médoc et a créé le domaine de la Dona-Tigana à Cassis.

Selon Antoine Gerbelle, journaliste à la *Revue du Vin de France* et auteur du *Guide des meilleurs vins de France*, 100 à 150 transactions « intéressantes » auraient lieu chaque année. En Provence, on enregistre 20 opérations majeures – à plus de 10 millions d'euros – par an. Étonnamment, d'un bout à l'autre de la France, les amplitudes de prix sont à peu près les mêmes : de 10 000 euros l'hectare (hors bâti) pour du tout-venant à 500 000 euros l'hectare dans les arpents les plus recherchés du Bordelais ou de Châteauneuf-du-Pape. « Cela peut dépasser le million d'euros l'hectare dans les grands crus de Bourgogne et de Champagne », renchérit Antoine Gerbelle. Philippe Cuvelier a ainsi acheté 40 millions d'euros les 20 hectares de Clos-Fourtet, à Saint-Émilion, après avoir revendu sa société de matériel de bureau à François Pinault. Celui-ci avait hissé en 1993 les hermines de Bretagne sur Château-Latour pour 115 millions, tandis que Bernard Arnault s'était associé au magnat belge Albert Frère pour souffler Cheval-Blanc à Liliane Bettencourt pour 137,2 millions. Auparavant, Bernard Arnault s'était emparé d'Yquem pour 84 millions. Et peu importe que le patron de LVMH n'y connaisse rien en vin, comme le sous-entend, perfide, Alexandre de Lur Saluces, l'ancien homme fort d'Yquem. Depuis la taille jusqu'à la vinification, tout se paie, tout s'achète. Arnault aura toujours les moyens de s'offrir les meilleurs régisseurs et les meilleurs œnologues conseils. Assurément, avoir sa vigne et pouvoir mettre sur la table son vin dans sa propre bouteille avec son nom sur l'étiquette est une satisfaction personnelle sans prix. Mais la propriété viticole ne sert pas uniquement à se faire plaisir et à abreuver les amis. L'objectif est de la transformer en une entreprise rentable. Ce qu'elle peut être dès le départ, puisque cet outil de travail n'entre pas dans la base de calcul de l'ISF.

Si l'on préfère le chic british à la chasse ou à la vigne, en clair si l'on est plus prince Charles que Jean Gabin ou Gérard Depardieu, il conviendra de se diriger vers le polo. Le polo, c'est glamour, mais c'est très cher. Le calendrier annuel des épreuves nous transporte à travers les hémisphères et les continents. Franck Dubarry, le fondateur de TechnoMarine, n'a pas attendu de vendre son entreprise en juin 2007 pour assouvir sa passion. Installé en Suisse, il a monté sa propre équipe et ajusté son emploi du temps en fonction des compétitions. En véritable nomade chic, il démarre la saison en automne à Palermo, un quartier du nord-ouest de Buenos Aires considéré comme la « cathédrale du polo ». Avec son ami Laurent Dassault, autre inconditionnel, il en profite pour faire le tour des éleveurs et s'acheter des chevaux – durant un match, en effet, un joueur doit changer de monture toutes les sept minutes trente, ce qui nécessite une écurie bien fournie. Ensuite, direction Palm Beach en Floride où se trouve l'International Polo Club, récemment créé par un patron texan ayant fait fortune dans les climatiseurs ; le club accueille entre janvier et avril les meilleurs joueurs du monde au milieu des palmiers et de plus de 15 000 chevaux. Puis ces « gens du voyage » aisés traversent l'Atlantique pour le Royaume-Uni, où ont lieu au printemps les trophées les plus prestigieux, comme la Queen's Cup, où l'on apercevra le prince

Charles et ses deux fils. Au passage, les joueurs font un saut en France, au Congor Polo Club, situé entre Guérande et La Baule (possédé par Jean-François Decaux), ou au très chic Polo Club du domaine de Chantilly, propriété de Patrick Guerrand-Hermès. Franck Dubarry en profite pour retrouver ses proches à la Louisiane, sa superbe villa de Saint-Tropez. Le temps d'un week-end, il peut s'entraîner au haras de Gassin, le Polo Club de Saint-Tropez, entièrement rénové par sa propriétaire, Corinne Schuler, une riche héritière d'origine allemande : parmi les spectateurs, Lindsay Owen-Jones (ex-L'Oréal) ou Axel Ganz (ancien patron de Prisma), Tropéziens d'adoption. Enfin, au mois d'août, la caravane équestre met le cap sur Marbella, où se trouvent les 50 terrains de polo de Sotogrande, pour la dernière compétition estivale. L'occasion de sortir son yacht, pour une petite traversée méditerranéenne...

Ah ! les yachts. Ils étaient 4 000 dans le monde en 2000. On en espère 8 000 en 2010. Aujourd'hui, même les très riches font le choix de rentabiliser des investissements souvent démesurés. Le marché de la location est prospère. Une façon pour les propriétaires d'amortir les coûts d'entretien. Et de rentabiliser un investissement utilisé seulement quelques jours par an, pour se tremper les pieds à Portofino ou pique-niquer sur l'île Sainte-Marguerite, en face de Cannes. Ainsi, le courtier londonien Nigel Burgess propose dans ses catalogues une soixantaine de yachts et voiliers charters, dont le bateau de Vincent Bolloré, le *Paloma* : 60 mètres, 250 000 euros la semaine. Avant l'affaire Sarkozy, car, selon un courtier-affréteur italien préférant rester anonyme, « la publicité faite par le président français et son épouse a fait connaître le *Paloma* à l'Europe entière. Le business sur ce bateau a été considérablement boosté. C'est à croire que Vincent Bolloré voulait faire un coup de publicité à ce bateau ». En cherchant, on peut trouver encore plus grand, l'*Annaliesse* (85 mètres, 36 membres d'équipage, 800 000 dollars la semaine). Reste un problème : comment faire suivre son bateau afin de bronzer en mars dans les Caraïbes et en juillet en Méditerranée ? Heureusement, des barges gigantesques se chargent de transporter les luxueuses embarcations. Prix de la traversée : environ 150 000 dollars l'aller simple. Reste aux plaisanciers à rejoindre leur port d'embarcation. En jet privé ? Oui, à condition d'en partager les frais.

C'est la nouvelle mode parmi la jet-set et les businessmen du Vieux Continent. Fini le temps des grands patrons s'affichant dans de véritables palaces volants suréquipés, façon Roman Abramovitch, propriétaire depuis 2006 d'un Boeing 767-300 : tout le monde, il est vrai, ne peut pas se payer un Falcon 7X (37 millions de dollars) ou un Gulfstream 550 (40 millions) ! D'où le succès de la formule du jet partagé. Un phénomène qui vient des États-Unis, où il a connu une véritable explosion depuis son introduction dans les années quatre-vingt par la société NetJets, rachetée en 1998 par le milliardaire Warren Buffett. Le principe : acheter une part d'avion (un seizième, par exemple), qui permet d'avoir accès à un certain nombre d'heures de vol par an. Les membres peuvent utiliser non seulement l'avion dont ils détiennent une part, mais également l'ensemble de la flotte (500 avions chez NetJets). « Grâce à ce système de turnover, nos avions sont disponibles à la demande, sans délai d'attente », explique Nathalie Cachera, directrice générale de NetJets pour la France. Exemple de forfait : l'achat du huitième d'un Gulfstream IV-SP long-courrier, donnant droit à cent heures de vol par an, coûte près de 2,5 millions d'euros, auxquels s'ajoutent 23 000 euros par mois pour les frais de fonctionnement. Parmi les clients européens séduits par cette formule, on compte déjà les footballeurs Luis Figo et David Beckham, le P-DG de Nokia Jorma Ollila, l'ancien président de Gucci Domenico De Sole ou, côté français, Jérôme Seydoux, le président de Pathé. Même chose pour le designer Philippe Starck qui, grâce au Pilatus PC-12 dont il a acquis un quart, peut voler en toute tranquillité de son bureau londonien à sa résidence du bassin d'Arcachon...

Car le riche peut être de son temps, et ressembler davantage aux stars que l'on découvre dans *Voici* qu'aux coincés ennuyeux que l'on nous montre dans *Point de vue, Images du monde*. Le Maroc par exemple est une terre d'asile pour Français fortunés et branchés. Jean-Paul Gaultier, Jamel Debbouze, DSK, Serge Weinberg ou le couple BHL-Arielle Dombasle ont choisi Marrakech comme lieu de villégiature. Beaucoup de célébrités ont acheté et rénové des riads. En fonction des cas, le palais peut se négocier autour de 300 000 euros dans la médina. Pour les plus belles résidences, comme celle de Thierry de Beaucé, ex-secrétaire d'État du gouvernement Rocard, ou encore celle de BHL, rachetée à Alain Delon, les prix peuvent atteindre 1,5 million d'euros. Mais la plupart des résidents cinq-étoiles de la ville préfèrent s'installer dans la palmeraie, devenue inabordable. Un hectare non construit s'y vend entre 400 000 et 500 000 euros. Dans ce paradis pour happy few, où Jean-René Fourtou, le baron Albert Frère et la famille Agnelli ont élu domicile, le fils d'Omar Bongo vient de s'offrir une résidence à 6 millions d'euros.

Autre passion partagée par les modern' riches : l'automobile. Le dirigeant d'une entreprise de tourisme a ainsi orné son bureau des Champs-Élysées de quelques photos le représentant en tenue de coureur automobile, au milieu de sa tribu. Bienvenue dans l'ambiance

Alonso. « Dans l'automobile, il y a moins de frime. La semaine dernière, lors d'essais au Mans, je me suis fait très peur à 250 km/h. Cela rend modeste. Nous sommes quelques dizaines à nous retrouver sur les circuits, pour des championnats assez onéreux. Seule la passion de la course nous anime. Des 24 heures du Mans à certaines courses, tout est possible. Mais une saison peut coûter plus de 2 ou 3 millions d'euros. Il nous faut souvent trouver des sponsors pour ces petites équipes. Comme nous sommes dans le business, ce n'est pas vraiment difficile. » Ces riches « de leur temps » ne sont pas des esthètes prétentieux. Au traditionnel CCC (campagne-chiens-chasse), ils préfèrent Dubaï, le Saint-Tropez des Émirats arabes. Là, au pied du Burj al-Arab, un hôtel de 350 mètres de hauteur, ils peuvent contempler l'eau du golfe Persique se reflétant dans le Teflon qui recouvre sa façade. Ils peuvent aussi skier sur la piste artificielle qu'a aménagée l'émirat.

Les modern' riches ont remis sur le devant de la scène des disciplines et des genres qui n'avaient pas la cote. Ainsi l'art contemporain. En moins de dix ans, le marché que l'on croyait assis pour longtemps sur des valeurs sûres – les arts décoratifs du xviiie, la peinture impressionniste, les maîtres anciens – a radicalement changé de nature. Nouveaux mondes, nouveaux goûts, nouvelle culture : « C'est une époque charnière avec l'arrivée en masse d'acheteurs inconnus qui ont créé de nouveaux marchés, grands comme des empires. Partout, l'afflux de liquidités est énorme, de New York à Londres et désormais Hong Kong, embrasant l'art dans ce qu'il a de plus désirable ou rare, créant des prix fabuleux, proportionnels aux nouvelles fortunes. Aujourd'hui, ces nouveaux acteurs ont imposé leur regard contemporain sur l'art et sa cote », analyse François Curiel, président de Christie's Europe, la première maison de ventes aux enchères en France. Christie's, qui enregistre d'ailleurs une année record à plus de 200 millions d'euros en 2006, soit une augmentation de 75 % par rapport à 2005.

Certains pays comme la France ne bénéficient pas nécessairement de cette embellie. En 2006, des experts ès richesses se réunissaient chez Christie's, pour plancher sur le thème : « Riches, très riches... quels clients pour quel luxe ? » Bilan de cette cogitation : il existe une paupérisation des très riches dans certains pays ! Premier responsable de ce phénomène, qui touche de plein fouet la France : la fiscalité, « clairement identifiée comme un frein à la croissance de la richesse ». Heureusement, l'ISF n'a pas encore grignoté toutes les fortunes du pays... Et puis, en cas de coup de mou, il reste encore la possibilité de se délester de quelques objets. Difficile de rivaliser avec la force de frappe d'une multinationale, propriété du Français François Pinault, qui a vendu en un soir à New York quatre tableaux de Klimt pour 192,7 millions de dollars, une toile de Turner à 35 millions de dollars, record absolu pour un tableau ancien adjugé aux États-Unis, auxquels il convient d'ajouter 364 millions de dollars d'objets d'art cédés en quelques mois à Hong Kong.

Mais la richesse d'un pays ne se mesure pas à sa quantité de milliardaires ou à leur excentricité. Au jeu du produit intérieur brut par habitant, le pays le plus riche de la planète est le Luxembourg avec un PIB par habitant de 80 288,678 dollars, une croissance de 4,6 % et un taux de chômage de 4,2 %. Après une histoire industrielle liée à la sidérurgie et au caoutchouc (Dupont, Goodyear, Arcelor-Mittal), le grand-duché du Luxembourg s'est spécialisé dans la finance dès les années soixante. C'est le deuxième repaire mondial des fonds d'investissement, après les États-Unis. Depuis l'adoption de nouveaux allégements fiscaux en 2002, le Luxembourg offre la plus faible imposition des particuliers d'Europe et la seconde pour les entreprises. C'est aussi l'un des rares pays conservant l'indexation automatique et intégrale des salaires sur l'inflation. Ce classement, élaboré en septembre 2006 selon les chiffres officiels du FMI, place la France au 17e rang mondial, avec un PIB par habitant de 30917,67 dollars. Derrière le Luxembourg viennent la Norvège, puis l'Islande qui connaît un taux de chômage de seulement 1,5 %. L'Islande est actuellement la quatrième économie la plus compétitive du monde. Avec un indice de pauvreté de seulement 5,6 %, la Suisse est quatrième. Paradis des fortunés avec son fameux secret bancaire et ses dispositions fiscales avantageuses, le pays attire les plus grandes fortunes du monde : plus de la moitié des 300 Suisses les plus riches sont des résidents étrangers. Mais les inégalités sont très fortes : 3 % de la population suisse détient 50 % de la fortune privée. Vient ensuite l'Irlande, désormais baptisée le « tigre celtique ». C'est une véritable résurrection pour ce pays qui fut, des années durant, la lanterne rouge de l'Europe. Avec un PIB par habitant de 48 604,259 dollars et un taux de croissance à faire pâlir d'envie, 5,8 % en 2006, l'Irlande enregistre un taux de chômage moyen de 4,4 % en 2006. En sixième place, le Danemark et son taux de chômage nul, suivi par le Qatar, les États-Unis, la Hollande et la Finlande.

Il existe de nombreux modes de classement. Ainsi, le pays où le niveau de vie est le plus élevé en Amérique du Nord est... la France. Son département d'outre-mer, Saint-Pierre-et-Miquelon, situé au large de Halifax au Canada, n'a pas vraiment une économie florissante. Mais ses quelques milliers d'habitants bénéficient d'une aide publique considérable et de salaires indexés sur le dollar. À tel point qu'il n'y a pas de « pauvres » dans l'archipel français. Cette perfusion publique place les Saint-Pierrais en tête du revenu moyen du continent nord-américain tout entier...

3

Le miel de toutes les gauches

« Un jour, aujourd'hui, demain, plus tard, nous abolirons l'argent. »

Élisée Reclus.

Le jour où il devint un homme de gauche, au congrès d'Épinay en juin 1971, François Mitterrand lança une farouche diatribe contre « toutes les puissances de l'argent, l'argent qui corrompt, l'argent qui achète, l'argent qui écrase, l'argent qui tue, l'argent qui ruine et l'argent qui pourrit jusqu'à la conscience des hommes ». Ce Mitterrand protéiforme, qui fut en vrac vichyste, résistant dans le Morvan, ami fidèle de quelques cagoulards, amateur clandestin d'ortolans, lecteur avisé de Brasillach et de Nimier, ministre centriste de la IVᵉ République. Ce Mitterrand-là avait dû réfléchir sérieusement à la façon d'entrer, à l'âge de 55 ans, dans la grande famille de la gauche. Il choisit donc opportunément de dénoncer l'argent, les riches, le capital. C'était un peu convenu, sans grand risque. Mais cela plut beaucoup. Bien lui en a pris : séduite, la vieille SFIO s'offrit à lui sans grande résistance. Et que dire de saint Jacques Delors, ce modèle de discernement... Se souvient-on qu'il imposa le contrôle des changes le 21 mai 1981, puis à nouveau

73

le 25 mars 1982 ? Rappelons qu'il s'agissait tout simplement d'interdire aux Français partant en vacances à l'étranger de dépenser plus de 2 000 francs.

L'économiste Pascal Salin observe à cet égard que « la politique de collectivisation des Français entreprise à cette époque était d'autant plus anachronique qu'au même moment Ronald Reagan aux États-Unis et Margaret Thatcher en Angleterre, forts de leurs convictions libérales, mettaient en œuvre les réformes qui ont conduit leurs pays vers une prospérité croissante. Pendant ce temps, en France, le nombre de chômeurs, qui était d'un peu plus de 1,5 million en 1981, a dépassé 2,5 millions en 1986, c'est-à-dire que cinq ans de socialisme ont suffi pour créer près d'un million de chômeurs supplémentaires ! Et simultanément on voyait apparaître une nouvelle catégorie de citoyens, les SDF ». Plus récemment, le syndicat patronal CGPME a eu le courage de clamer en pleine élection présidentielle qu'il n'avait guère apprécié que Ségolène Royal n'ait « jamais pu trouver de date pour un rendez-vous », alors que François Bayrou, Jean-Marie Le Pen et Nicolas Sarkozy se sont déplacés. Voilà qui sonne comme une incurie congénitale.

« Nos vies valent plus que vos profits » : l'excellent slogan de campagne présidentielle 2007 de la Ligue communiste révolutionnaire fait mouche. Comment ne pas adhérer, en première lecture, à ce paradigme ? Quand on a été élevé en France, c'est pavlovien. Cette vision convenue qui emprunte à l'imagier habituel de la gauche française nous replonge dans les Rougon-Macquart, l'hypocrisie en plus. C'est là le but recherché par Besancenot : surfer sur les images sépia de la Commune ou du Front popu, rejouer l'air du front ouvrier contre les 200 familles. Hélas pour le candidat trotskiste, ce sont les cinq syndicats, dits représentatifs depuis une loi de 1966, qui décident de ce qui peut être réformé ou pas en France. Surtout pas les chefs d'entreprise. Et puisque, dans son slogan, le jeune facteur de Neuilly-sur-Seine parle de « vies », rappelons-lui que les patrons du CAC 40 n'ont à cette heure génocidé aucun ouvrier de France, alors que son mentor politique Léon Trotski, fondateur de l'Armée rouge, ne s'est pas rendu célèbre par ses œuvres philanthropiques. Car si une fraction non négligeable de la gauche continue de s'accommoder des lois et règles du marché, une autre gauche, non négligeable en France, pense désormais qu'il est urgent d'interrompre la marchandisation si l'on veut sauver le contrat social et démocratique du siècle dernier. Cette « gauche de gauche » pourfend un PS accusé sans cesse de recentrage néolibéral. Responsable de tous nos maux, la mondialisation semble catalyser sur son simple nom toutes les peurs de notre époque.

Et pourtant, ce PS moderne et réformé, « vendu au marché », n'est pas près d'exister. Interviewée dans le mensuel *Enjeux*, Édith Cresson, diplômée d'HEC, ancien Premier ministre de François Mitterrand, estime qu'il manque à gauche « une personnalité suffisamment forte et clairvoyante pour proposer une motion de refondation, en finir avec le jargon marxisant, assumer l'économie de marché, expliquer que le monde a changé, proposer une nouvelle politique sociale et rassembler suffisamment de monde autour. La social-démocratie, y compris dans les pays européens qui l'ont assumée, apparaît quelque peu dépassée. Mais avant de passer à la prochaine étape, ce serait déjà bien que les socialistes français franchissent celle-ci... ».

C'est le combat que depuis quelques années Édith Cresson mène au côté du sénateur-maire ex-PS de Mulhouse, Jean-Marie Bockel. Le projet de réforme de cet ancien chevènementiste devenu social-libéral et d'Édith Cresson n'a pas remporté un franc succès. Leur contribution au congrès socialiste du Mans en 2005, intitulée « Pour un socialisme libéral », n'a recueilli que 0,64 % des voix des militants. Voilà qui en dit long sur la volonté d'ouverture du PS. D'ailleurs, lorsque Bockel fit son entrée au gouvernement Fillon 2, François Hollande commente : « Il était à la droite du PS, et il est à la droite tout court. » Fermez le ban.

Les mouvements de gauche allemands et anglais, eux, n'ont aucun problème avec la réussite matérielle, à condition toutefois qu'elle tire vers le haut l'ensemble de la société : Tony Blair a même inventé l'expression « business friendly » pour qualifier cette gauche soucieuse de fraterniser avec le monde de l'argent, dans un intérêt convergent. L'ancien Premier ministre britannique avait aussi initié la réforme du parti travailliste avec cette métaphore devenue célèbre outre-Manche : « Ce qui m'intéresse, ce n'est pas de couper les barreaux du haut de l'échelle, mais c'est que tous les citoyens du pays puissent attraper le premier barreau. » Pascal Salin complète : « Chez nous l'échelle sociale est un ascenseur. Sans attacher trop d'importance à la sémantique, cette nuance est quand même symbolique : l'échelle se gravit barreau après barreau, alors que l'ascenseur peut nous amener directement au dernier étage ! Cette conviction de pouvoir concilier croissance économique, réussite individuelle des plus entreprenants et justice sociale est rarement exprimée en France. Ne pas parler d'argent aux Français est la meilleure façon de ne pas les réconcilier avec la réussite, et donc de cultiver l'égalitarisme par le bas. »

C'est une histoire personnelle. Je l'adore car elle en dit long sur l'ADN de la gauche française et sur sa responsabilité dans notre relation nationale à l'argent. J'étais dans mon bain, en 2006. La coalition de l'Olivier venait de mettre un terme à l'étrange épopée berlusconienne. Jean-Pierre Elkabbach sur Europe 1 interviewait au téléphone le porte-parole de ladite coalition. Après quelques réponses où il plante le décor de ce singulier pudding à l'italienne, allant de l'extrême gauche la plus radicale au centre presque droit, le sympathique italien entre dans le muscle. Elkabbach l'interroge sur la philosophie politique qui va maintenant animer la gauche italienne nouvellement installée au pouvoir. Et là, surprise ! L'Italien jusqu'alors plein d'allant se met à bredouiller. Il s'excuse, explique qu'il ne peut pas répondre à la question, car « ça gênerait nos amis socialistes de France ». Elkabbach, interloqué, insiste. Le gars résiste. Elkabbach se met en colère. L'Italien lâche : « Bon, eh bien voilà, on va faire la politique que toute l'Italie de gauche attend, une politique libérale, sociale mais libérale... »

En fait, la gauche française, contrairement aux autres, récuse l'argent et, par ricochet, désapprouve ceux qui le possèdent, largement ou modestement. Elle s'est ralliée bon gré mal gré à l'économie de marché, mais elle n'aborde pas de front la question pourtant essentielle qu'avait posée Lionel Jospin, celle de la société de marché. Car face à la tentation quotidiennement évoquée de l'évolution naturelle vers la social-démocratie, les tenants de la gauchisation poursuivent leur lobbying exalté. D'année en année, ce contrepoids archaïque se fait plus pesant, hypothéquant la mutation tant attendue.

Le mouvement Attac (Association pour la taxation des transactions financières, pour l'aide aux citoyens) est devenu le parangon de cette forme radicale de négation de l'internationalisation. Au-delà de ses 30 000 adhérents, Attac a formidablement su installer son regard sur la mondialisation au sein des mouvements politiques de gauche (et parfois même de droite). Le PS, et donc la France qui pense, subit aujourd'hui l'influence du mouvement antimondialiste. Journalistes visionnaires, hommes politiques lucides, candidats de la Star Ac, chanteurs à texte, intellectuels hémiplégiques, comédiens en devenir, entrepreneurs démagos, tous ont désormais le courage insensé de mettre leur carrière en danger en militant avec zèle pour le commerce équitable ou l'économie solidaire ! Formidable : la gratuité et la solidarité font reculer les espaces marchands. « Le troc est de retour, comme autrefois. » Exit le mercantilisme. Génial.

Rappelons cependant que ce mouvement entame chaque jour l'espace des activités marchandes, moteur de la richesse. Cette idéologie du repli ne fait que proposer un protectionnisme nostalgique marketé pour des bobos de sous-préfectures, et des CSP+ branchouillés sortant une fois par an leur tee-shirt à l'effigie du sous-commandant Marcos. Et comme être « anti » n'est guère conseillé par les comploteurs josébovistes, un judicieux stratège a proposé d'intituler le vieux cocktail réac de gauche : « alter-mondialiste »... Piteux lifting. Car il n'y a pas d'altérité dans tout cela, mais un nihilisme radical et sans discernement. Au sein même du parti socialiste, nombreux sont ceux qui considèrent l'approche joséboviste comme valide. Les conséquences politiques de cette singularité bien de chez nous ne sont pas anodines : rejet du traité de l'accord multilatéral sur l'investissement (AMI) négocié dans le cadre de l'OCDE, combat sur l'« exception culturelle », arrachage systématique des plants d'OGM, domaine dans lequel la recherche française accuserait aujourd'hui un retard de plusieurs années.

Si la gauche prend plaisir à admonester le riche, elle connaît en revanche les codes, les rituels et les ficelles qui permettent de gagner de l'argent. En septembre 2006, pendant le congrès annuel des HLM qui se tenait à Bordeaux, auquel je participais comme journaliste, je déambulais dans le quartier de la rue Sainte-Catherine lorsque je fus abordé par un bénévole d'une association humanitaire altermondialiste très connue. Il me demanda de l'argent. Il portait une barbiche à la Trotski. Et arborait un tee-shirt aux couleurs de sa paroisse gauchisante. Beau visage, cheveux ondoyants. D'emblée il me tutoya. Il avait une diction lente, le genre Vincent Delerm qui aurait fumé un pétard conséquent. Après quelques secondes de conscientisation et de bons sentiments, le type s'arrêta. Il venait de me reconnaître : j'étais passé quelques jours plus tôt dans l'émission de Marc-Olivier Fogiel pour mon livre *Être de droite, un tabou français.* J'y défendais la thèse que la gauche avait viré un grand nombre d'intelligences de droite dans le monde des médias, de la culture, de l'enseignement et de la fonction publique... Le duel avec Fogiel avait été disputé. Pendant le direct, ils étaient plusieurs militants de gauche contre moi : Marc Jolivet, Guy Carlier, Serge Moati, entre autres. Cela n'avait pas été facile de se faire entendre. Mon jeune interlocuteur passa tout de suite au vouvoiement. Il changea aussi de voix, de ton, et même de diction : « Bravo, vous vous êtes battu comme un lion. Ils étaient nombreux contre vous, mais vous n'avez pas démérité. » Ce n'était plus le militant altermondialiste. Je lui demandai la raison de ce changement. Il éclata de rire : « Ici, nous sommes tous des étudiants employés les après-midi par une entreprise du coin spécialisée dans la distribution de tracts publicitaires. Comme les militants traditionnels de ces mouvements ne sont pas assez nombreux et rechignent à descendre dans la rue réclamer de l'argent aux passants, ils sollicitent des entreprises extérieures. Le truc, c'est qu'il faut avoir le look. On est payés à l'argent récolté. Alors on se déguise un peu. Comme ça, tout le monde est content. » Je jetai un coup d'œil autour de moi sur tous les jeunes gens en uniforme altermondialiste, qui récoltaient de l'argent : « Mais alors, aucun ne fait partie de... – Mais non, me sourit-il. On est en fac de droit à Talence. C'est les mouvements qui nous fournissent les tenues. Demain je change de crémerie, ce sera toujours un peu gauchiste, mais ce sera des médecins... » Il me fit un clin d'œil et se dirigea vers une jeune fille qui arrivait, un vélo à la main...

À l'héritage catholique, s'est substituée une théologie morale, inspirée du gourou Karl Marx, laïcisée et reprise par la gauche dès le XIXe siècle. La gauche française, dont on attend depuis si longtemps la réforme profonde annoncée, cultive toujours une inextinguible passion pour l'utopie anti-marchandisation. Alors, bien entendu, quand cette gauche devient caviar, quand elle flirte avec l'ISF ou le neuillysme, cela devient amusant. Car la gauche n'aime pas que ses enfants fréquentent l'argent. Souvenons-nous, peu avant l'élection présidentielle de 2007, de la maison de Mougins appartenant au couple Royal-Hollande. Au journal de 20 heures, les agents immobiliers à l'accent varois se succédaient, goguenards. Oui, la maison a été sous-estimée. Et voilà la candidate socialiste stupidement mise en accusation. Alain Duhamel, pris en flagrant délit de bayroutisme pendant la campagne, s'insurge contre ce procès systématiquement fait aux gens de gauche fortunés : « Puisque le patrimoine qu'elle partage avec François Hollande les assujettit (modestement) à l'ISF, c'est donc qu'elle appartiendrait à ces riches honteux qui trahissent leur milieu en s'engageant à gauche et qui compromettent la gauche en possédant quelques biens : vieille ritournelle française et très révélatrice d'une hypocrisie dominante. Comment peut-on soutenir qu'en démocratie chacun voterait, militerait, s'engagerait en fonction de ses seules ressources financières, revenus et capital ? Si tel était le cas, l'extrême gauche exercerait d'ailleurs le pouvoir sans désemparer, puisque les plus déshérités sont toujours plus nombreux que les plus privilégiés ou même que les salariés des classes moyennes. »

Alain Duhamel met le doigt sur un réflexe 100 % franchouillard : un élu politique de gauche disposant de revenus au-dessus de la moyenne, voire d'une aisance susceptible de l'assujettir à l'ISF, est par essence un traître à la cause... Car au fond, il y a plutôt du mérite que de l'aveuglement à opter pour la gauche lorsqu'on possède fortune ou hauts revenus. Les pharisiens feignent de s'offusquer qu'une candidate de gauche paie l'ISF, mais célèbrent les mérites de ceux qui, à droite ou au centre, sont d'origine modeste. « Et n'oublions pas, renchérit Duhamel, que les principales figures symboliques de l'histoire de la gauche – Robespierre, Danton, Jaurès, Blum, Mendès France, Mitterrand – étaient toutes des bourgeois petits, moyens ou grands, qui préféraient suivre la pente de leurs idéaux plutôt que celle de leurs intérêts. » (Même chose pour Ernesto Guevara, ce bourgeois argentin qui entreprit en 1952 une traversée de l'Amérique latine en moto. On connaît la suite.) Plus étonnant fut le choix du lieu d'habitation de François Hollande et de Ségolène Royal lorsqu'ils étaient jeunes diplômés de l'Ena. Pas encombrés pour un sou par leurs origines bourgeoises, ils vécurent l'un et l'autre à Neuilly. Convictions de gauche et argent peuvent-ils faire bon ménage ?

Le comédien Bruno Solo est persuadé que oui... à condition de demeurer « un minimum éthique » : « Un jour, je suis dans ma voiture de sport à un feu rouge. C'est un break allemand, assez puissant. Un type à côté de moi en voiture me fait signe de baisser ma vitre. Il me lance : "J'aime bien ce que tu fais." Je le remercie. Puis : "J'aime bien ton discours aussi. Je t'ai entendu dans des émissions télévisées, j'aime les idées que tu véhicules." Je le remercie à nouveau. Et, regardant ma voiture : "Belle bagnole !" Je le remercie encore. Lorsque le feu passe au vert, mon voisin enclenche la première et me demande : "Sinon, toujours de gauche ?" » Je suis resté baba. Il m'avait mis face à mes contradictions. J'ignore si c'est lié à cette petite histoire, mais je suis en train de faire installer le GPL dans ma voiture. »

Bruno Solo est né en 1964. Il a grandi à Paris, dans le Marais, avant que ne sortent de terre le Centre Pompidou et le forum des Halles. C'était encore un quartier ouvrier, pas branché pour deux sous. « Je suis le fils d'un prolo un peu anarchiste qui roulait en Skoda vert pomme et d'une employée de banque. Mon père était staffeur, un ouvrier hautement qualifié dans le bâtiment, et n'a jamais voulu devenir patron. On le lui a proposé souvent, pourtant. Il n'a jamais voulu aliéner sa liberté. Il n'a jamais voulu "travailler plus pour gagner plus". Il avait un rapport sain à l'argent. Quand il en avait, il le dépensait. Un jour, alors que je devenais adolescent, il m'a dit : "Nous allons entrer en conflit bientôt, toi et moi, et c'est normal. Alors je te propose de partir faire un long voyage, des États-Unis jusqu'au Guatemala." Sur place, un copain lui a prêté un combi Volkswagen, et nous sommes partis tous les deux durant quatre mois. Ce voyage a été fondateur pour moi. Un parcours initiatique au cours duquel mon père m'a transmis des valeurs que je n'oublierai jamais. »

Et puis un jour, le fils d'ouvrier est devenu un riche animateur de télévision, un comédien de cinéma, un producteur, un auteur, un comédien de théâtre, un chef d'entreprise. « J'ai gagné en quelques années plus que mon père n'aurait gagné en cent ans. En premier lieu, grâce à la série *Caméra Café*. Aujourd'hui, le concept de l'émission a été vendu dans quarante pays : toute l'Asie du Sud-Est, l'Amérique du Sud, l'Australie, l'Espagne, l'Italie, la Grèce, le Portugal, l'Allemagne, les pays scandinaves. C'est une réussite fabuleuse pour Yvan Le Bolloc'h et moi. Nous avons vendu 2 500 000 DVD, le film inspiré de la série a fait 2 millions d'entrées. Nous avons vendu 500 000 BD, le jeu vidéo a bien marché. Et la société de production dans laquelle je suis associé, Calt – comme à la télé –, emploie maintenant une soixantaine de personnes. Un jour, on est venu nous demander de fabriquer des produits dérivés : des mugs, des tee-shirts, des casquettes. Alors j'ai pensé à mes racines, à mes convictions. Nous nous sommes dit avec Yvan : "On a beaucoup d'argent. Le reste, on va le développer avec le commerce équitable." Tous les gens qui ont souhaité exploiter le label *Caméra Café* sont entrés dans cette logique. Pour les produits de consommation courante, on s'est associés à Max Havelaar. Nous souhaitions développer l'activité équitable. On leur reversait 10 % de tous nos bénéfices. Et tout ce qui était fabriqué l'était dans des pays respectueux de la législation du travail. Aucun de ces produits n'a été fabriqué en Chine, à Taïwan, en Corée, mais plutôt en Europe. Ceux qui ne pouvaient pas travailler avec Max Havelaar s'engageaient à communiquer sur le développement durable : la dernière page de nos BD est consacrée au commerce équitable. Chacun de nos DVD présente une communication sur le sujet. Un jour, une major de la vente de barres chocolatées, une multinationale, nous a proposé une gigantesque opération promotionnelle dans les hypermarchés de France, associée à *Caméra Café*. On a dit d'accord, à condition d'associer le commerce équitable à cela. Nous demandions que certaines barres chocolatées soient labellisées commerce équitable. Bref, de trouver un point d'entrée pour avancer sur ce sujet. Cela ne les a pas intéressés. Le business ne s'est pas fait. C'était lourd de conséquences pour nous, car il s'agissait d'un beau contrat. Il a fallu que je l'explique en interne. Certains ont un peu renâclé – cet argent aurait été bien utilisé. Mais je n'ai pas à rougir. Aujourd'hui, je sais que nos tee-shirts commerce équitable étaient un peu trop chers. Si nous les avions fait fabriquer en Chine, nous aurions sans doute inondé le marché. Là, nous n'en avons pas vendu beaucoup, mais je sais que ça a servi modestement une cause. »

Karl Marx n'aimait pas l'argent : « Il est la divinité visible, la transformation de toutes les qualités humaines et naturelles en leur contraire, la confusion et la perversion universelle des choses ; il fait fraterniser les impossibilités. » Avec ou sans Marx, toutes les gauches du monde se sont construites contre les riches. Avec plus ou moins de discernement. La gauche allemande, par exemple, a le sens des nuances. En 2006, outre-Rhin, lorsqu'une loi assouplissant les contrats d'embauche de jeunes salariés vit le jour, tous les syndicats applaudirent des deux mains ainsi que les partis d'extrême gauche, satisfaits qu'à la clé, de nombreux jeunes trouvent un métier. Quelques mois plus tard, un projet de loi analogue baptisé CPE fut proposé en France... ce fut une autre affaire. Une génération spontanée de lycéens et d'étudiants pas vraiment documentés sur le sujet, mais patiemment conscientisés par un corps enseignant peu enclin à la neutralité, s'empara de la rue. On se souvient de la suite : « *No pasaran !* », le fascisme ne passera pas par nous. Dommage, le CPE était une jolie idée. Beaucoup le savaient, y compris dans les facultés. Mais ceux-là se terraient, pendant que des petits desperados sans cause, épaulés par des activistes anarchistes bien équipés, s'offraient un Mai 68 de dame pipi, l'utopie en moins. Au cœur du tumulte, Villepin fut héroïque quelques jours. Geoffroy Roux de Bézieux aussi. Intronisé par le Medef « Monsieur bons offices du CPE », le patron de Virgin Mobile France, président de l'association Croissance Plus, un club d'entreprises innovantes, fut l'un des rares à avoir le courage d'arpenter les plateaux de télévision pour apporter la contradiction à des gamins gorgés d'idéologie à trois sous, pas avares de raccourcis. Décidément, le marxisme du IIIᵉ millénaire est un ersatz bien indigent de celui qui enflamma les campus des années soixante... Bref, Bézieux fut envoyé au feu défendre le projet Villepin. « Nous étions alors au cœur de la polémique, avant que Jacques Chirac ne choisisse de faire demi-tour en rase campagne et ne décide d'abandonner le projet. Je défendis le contrat première embauche sans illusions, mais avec la conviction de celui qui croit que la flexibilité est sans doute l'un des seuls remèdes à la crise de l'emploi que la France traverse depuis trente ans. Cela faisait plus d'une demi-heure que j'essayais d'expliquer à une jeune étudiante que si l'entreprise n'est pas le paradis, ce n'est pas non plus l'enfer, surtout en France ; c'est alors que celle-ci finit par conclure notre discussion par cette remarque d'une sincérité non feinte : "De toute façon, les patrons, c'est tous des salauds !" »

Même *Le Monde* a salué la performance romantique : « Ils n'étaient pas nombreux à le défendre, ils se sont retrouvés en première ligne, chevau-légers du CPE happés par le tourbillon médiatique et politique, "instrumentalisés à l'insu de notre plein gré", reconnaît Geoffroy Roux de Bézieux, figure emblématique de ces rares dirigeants qui "ont accepté de se faire traiter de négriers" sur les plateaux de télévision. "Nous nous sommes retrouvés face au silence assourdissant des entreprises traditionnelles." Sans craindre de s'afficher parmi les rares personnalités qui ont servi de caution au Premier ministre Dominique de Villepin, Bézieux continuait d'affirmer, seul contre l'establishment, que 40 000 emplois pouvaient être créés en un an grâce au CPE, après un rapide sondage auprès de leurs adhérents respectifs. » « Le chiffre était quelque peu présomptueux », commente un rien partisan *Le Monde*.

J'ai une manie, j'écris mon livre sur mon lit, assis en tailleur et la télévision allumée. Rien de très honorable. Sauf que je viens à l'instant de tomber – encore – sur Geoffroy Roux de Bézieux invité de France 2 chez Ruquier. Il y a peu de temps, j'étais encore rédacteur en chef d'émissions de télévision, à Téléparis, aux côtés du producteur Stéphane Simon et de Thierry Ardisson. Téléparis fabrique des programmes culturels in situ pour des chaînes allant de Paris Première à Canal+. Je me souviens du soin que Stéphane Simon et ses équipes mettaient à débusquer l'invité rare, saillant. Celui qui brille et que l'on n'attendait pas. Mais dans ce milieu, Stéphane fait un peu figure de dernier des Mohicans. Je l'affirme : le monde de la production audiovisuelle est souvent fainéant et toujours inculte. Les journalistes « recherchistes » – c'est le nom qu'on leur donne dans les boîtes de production – ont toujours recours aux mêmes invités sur les plateaux télé : il a fait l'affaire dans une précédente émission, on s'arrangera pour qu'il soit légitime une fois encore sur le sujet... Cette indigence dans la programmation est la conséquence d'une paresse congénitale : lire *La Tribune* et *Les Échos* constituerait une régression intellectuelle. On préfère découvrir l'économie avec les *Inrockuptibles*, voire *Libération*... Ces faiseurs d'opinion avisés se contrefichent que d'autres interlocuteurs de qualité existent. C'est la raison pour laquelle on retrouve toujours les mêmes têtes chez Fogiel, Ruquier et consorts.

Ce jour-là, c'est chaud, car l'annonce officielle des profits de certains géants du CAC 40, en pleine période électorale, vient de déclencher un nouveau tollé dans la presse. Mais heureusement, Super Bézieux is back. Je le dis sans ironie : les poltrons du Medef, prudemment restés à la maison, devraient songer à dresser une stèle en l'honneur de ce guérillero du marché. L'instant est grave : Total, qui cumule déjà deux handicaps aux yeux de l'opinion – la hausse du prix du super et le procès de l'*Erika* –, vient de réaliser des « superprofits » – amis grammairiens, refermez vos manuels, il s'agit là d'un néologisme altermondialiste non répertorié. Après RTL et RMC, Super Bézieux passe donc à la question chez Laurent Ruquier pour défendre les « superprofits » de Total et du CAC 40. Pourquoi lui ? Parce que Total a sans doute refusé d'envoyer son représentant... Trop risqué. C'est donc à Bézieux que revient la tâche d'expliquer à des millions de Français que Total paye des impôts en France, fait des investissements, crée des emplois et partage ses profits avec ses salariés sous forme de participation et d'intéressement. Une manière de directeur de la communication bénévole pour le pétrolier français. Il n'a pas la tâche aisée car... il part de loin. Pour l'opinion publique, l'oligarque qui dirige Total fait partie de ceux qui ont mondialisé la pauvreté, pollué la planète. Super Bézieux s'en sort bien, mais cette fois, il est un peu amer : « Il est formidable que les grandes entreprises fassent des superprofits, mais comme pour la flexibilité ou les licenciements boursiers, cela nécessite aussi une "super-communication". À croire que la politique dite de l'autruche est une constante dans les instances communicantes patronales. Au moment de la polémique sur les stock-options, aucun des patrons du CAC 40 n'a expliqué publiquement pourquoi il défendait ses stock-options et pourquoi il pensait mériter cette forme de rémunération. Or si les stock-options qui ont été attribuées sont méritées, pourquoi ne pas les défendre ? » Pour Roux de Bézieux, « refuser ce débat en "attendant que les choses se calment", comme je l'ai entendu de la bouche de certains patrons, n'est pas la solution, car cela laisse le champ libre aux pourfendeurs de l'économie de marché, qui ont ainsi tout loisir de développer leurs arguments sans être contredits. Les journalistes ne sont donc pas seuls responsables de la mauvaise image qui colle aux patrons. Ceux-ci ont aussi leur part de responsabilité, notamment en évitant le débat médiatique dès que le terrain est dangereux. »

À une époque où la moindre information mal distillée peut avoir des conséquences nuisibles sur les marchés boursiers ou sur la vie d'une PME, les dirigeants doivent apprendre à devenir des communicants. Cela fait partie du job ! Si un patron est sûr d'avoir pris la bonne décision en fermant un site alors que son entreprise est bénéficiaire, il doit pouvoir l'expliquer au journal de 20 heures, à ses salariés, ou face à un politique. Il doit expliquer qu'il n'est pas un monstre soumis aux oukases des retraités texans, mais qu'il a pris cette décision en conscience, après avoir pesé les autres options. On tance souvent la CGT pour son conservatisme, ses combats d'arrière-garde, sa violence. Les syndicats patronaux ont eux aussi leurs défauts. Une trouille obsessionnelle des médias. Une pratique de la langue de bois qui nous remet en mémoire les heures les plus ennuyeuses du brejnévisme. Une incapacité à parler vrai. Une honte congénitale du capitalisme et des mécanismes de marché. Une maîtrise de la démagogie que ne renieraient ni Hugo Chavez ni Jaruzelski. Pourquoi les entreprises nous parlent-elles sans cesse d'éthique, de missions sociales, de développement durable, de diversité ? Des sujets sérieux, certes... alors que nous les attendons ailleurs : le marché, les profits, les délocalisations, la concurrence. En péchant par démagogie, ne se rendent-elles pas responsables de l'abêtissement général ?

La bonne presse n'est guère tendre, ni avec les patrons ni avec la droite, dont elle a pris l'habitude de juger les résultats a priori. Quelques jours après les législatives de 2007, Laurent Joffrin, le directeur de *Libération,* avertit : « La réforme commence tout de suite : les ennuis suivront de près. Le président le sait déjà, qui n'est pas loin de paraphraser le poète : "Levez-vous, orages désirés." » Joffrin prophétise : « Si l'injustice de certaines mesures se précise, ce qui ne devrait pas manquer d'arriver, l'écueil sera bien plus redoutable. Alors s'achèvera un état de grâce qui n'a même pas commencé. » Avec les dirigeants, c'est le même systématisme. On se souvient que Pierre Bilger, ancien patron d'Alstom, devait toucher, comme prévu dans son contrat, 3 millions d'euros après son départ. Mais un frisson parcourut à juste titre la planète médiatico-financière, car Alstom était en situation de quasi-faillite. Pierre Bilger renonça volontairement à ses indemnités. Joli geste. « Voilà qui aurait dû faire la une de *Libération* et même de *L'Humanité* ! s'amuse Roux de Bézieux. Mais presque personne n'en a parlé, hors la presse économique. » Et surtout pas *Le Monde* qui titre le 13 décembre 2006 : « Un grand patron gagne en moyenne 300 Smics. » Mais *Le Monde* a tout mis dans la vitrine, car en lisant l'article, on découvre que le salaire net moyen de l'ensemble des patrons français est de 3 973 euros par mois, soit un peu plus de trois fois le Smic. Beaucoup plus raisonnable. Dans la même veine, *Le Nouvel Observateur* publie quelques semaines plus tard un article intitulé « Ils ne sont plus dans la vraie vie ! » où l'on apprend que le président le mieux payé de l'indice SBF 120, John Schwarz, P-DG de Business Objects, peut s'acheter 2 100 Peugeot 307 par an ! Quand la presse généraliste s'empare de sujets économiques...

C'est génétique, l'économie ne fait pas frissonner les journalistes français. Le chroniqueur Jean-Marc Sylvestre l'apprend chaque jour à ses dépens. Toute la presse de gauche, autrement dit 94 % des rédactions de France et d'outre-mer – j'y reviendrai –, ricane de ce journaliste au talent reconnu. Les Guignols de l'info en tête ! C'est que ce vulgarisateur officie sur France Inter, radio publique dont il semble être la caution « économie de marché ». Ce bastion de la bien-pensance a du mal à digérer la pilule réformatrice assenée chaque matin par ce non-aligné de la pensée économique. La menace libérale aux portes de France Inter ? Il est urgent de réagir. En avril 2007, *Télérama* signe un article vitriolé sur Sylvestre, sous le titre « Il ne prêche qu'aux riches ». Accusé de crime libéral, le chroniqueur « n'exerce pas un métier, celui de journaliste, il accompagne une œuvre de missionnaire. Moine soldat du libre-échange, petit frère des riches, il n'informe pas : il prêche. Chacune de ses chroniques matinales résonne comme une homélie destinée à la propagation de la foi ». Foi, prêche, homélie, missionnaire, voilà notre homme transformé en fanatique de Dieu. Pas très confraternel.

Le résultat de cet acharnement médiatique est résumé par une question du patron de Croissance Plus : « Pourquoi Thierry Henry ou Tony Parker peuvent-ils gagner "tranquillement" plus de 10 millions d'euros par an, tandis qu'Henri de Castries, patron d'Axa, ou Jean-René Fourtou de Vivendi se voient reprocher leurs émoluments ? »

Parce que le riche est fondamentalement mauvais. À écouter les militants d'Attac ou de Greenpeace, il semble acquis qu'il est cause de tous nos maux et en premier lieu du réchauffement climatique. Il semble évident que la dégradation de l'atmosphère, des rivières, des fleuves et des océans a été orchestrée par les riches. Et l'épuisement des ressources, l'extinction accélérée des espèces, la déforestation ? Les riches ! La libération des OGM dans l'environnement : les riches ! C'est Hervé Kempf, journaliste spécialiste de l'environnement du journal *Le*

Monde, qui a eu la révélation. Après avoir baroudé aux quatre coins de la planète et côtoyé la communauté scientifique, « des gens plutôt calmes et pondérés », nous apprend-il dans *Comment les riches détruisent la planète,* l'investigateur écolo conscientisé a enfin trouvé la cause de nos maux : le capitalisme. Il nous invite à faire acte de vigilance, car l'hypothèque que les riches font peser sur l'avenir de nos enfants est sérieuse : la pollution infinitésimale et pratiquement indécelable des nanomatériaux est aussi l'œuvre d'un capitalisme sans vergogne.

Entendons-nous, l'économie de marché qui donne des vapeurs au journaliste du *Monde* est nauséabonde. Rien à voir avec ce que nous imaginions. Naïvement, nous pensions que le marché stimulait la croissance, la recherche, la production, permettant, en vrac, de rallonger l'espérance de vie des Français, de combattre un nombre immense de maladies jadis mortelles, de bâtir des routes, des hôpitaux, des écoles, des collèges labellisés haute qualité environnementale (HQE), de créer des fondations, d'assembler des automobiles accessibles à tous, des saxophones, de faire des maisons modernes et bien isolées, des ordinateurs qui nous permettent d'utiliser Internet, des téléphones portables, des livres et des BD, des clubs de vacances. Nous pensions que cette dynamique mondiale avait permis de financer, d'imaginer les grandes innovations qui ont fait avancer le monde : la boussole, l'imprimerie, le télescope, la machine à vapeur, le métier à tisser, la vaccination, la photographie, la machine à écrire, la réfrigération, l'électricité, l'automobile, le cinéma, le radar, l'ordinateur, le transistor, la pilule, le laser, le satellite, le téléphone mobile, Internet... Faux : Kempf des Bois lève enfin le voile. L'économie de marché se bat pour accomplir son projet maléfique : engloutir la planète au nom du roi dollar. Preuves à l'appui, le journalistéquitable nous apprend que le riche est responsable de toutes les crises : « On ne peut comprendre la concomitance des crises écologiques et sociales si on ne les analyse pas comme les deux facettes d'un même désastre. Celui-ci découle d'un système piloté par une couche dominante qui n'a plus aujourd'hui d'autre ressort que l'avidité, d'autre idéal que le conservatisme, d'autre rêve que la technologie. Cette oligarchie prédatrice est l'agent principal de la crise globale. » Les dominants/les dominés : toujours ce bon vieux manichéisme de bazar. Une petite musique trop souvent entendue.

Hervé Kempf, qui n'en est pas à un raccourci près, décrypte avec le talent qu'on lui connaît une redoutable stratégie planétaire. Une manière de complot orchestré par les Harpagon du monde entier. Une tactique à visée totalitaire qui « s'appuie même sur des crises comme celle du 11-Septembre pour réduire sensiblement les droits humains conquis de haute lutte et neutraliser, voire faire disparaître, les mécanismes démocratiques qui permettent des débats publics libres sur les choix de projets, les choix de société que soulève à répétition le jeu de l'économie ». Au début du XXe siècle, le philosophe et sociologue allemand, Georg Simmel, avait procédé à l'inventaire des pathologies de l'argent : l'avare, le prodigue, le cynique et le blasé formaient selon lui le quatuor de ceux qui ont un rapport dégénéré à l'argent. Simmel ne pouvait imaginer que cent ans plus tard, la gauche radicale allait inventer une nouvelle tare : le riche génocidaire que nous décrit ce journaliste du *Monde*. Celui qui a programmé méthodiquement, en conscience, au sein d'un clan, l'extinction de l'humanité.

On pourrait sourire de ce brouet poujado-écologiste. Hélas, il y a dans cette rengaine quelque chose de ranci qui rappelle les 200 familles. Comment est-il possible en 2007 d'organiser la planète en deux camps : les méchants riches et les gentils pauvres ? Puisque la mesure n'est pas la qualité première d'Hervé Kempf, rappelons-lui que le monde est un ensemble complexe où tout interagit avec tout. Et sa vision du capitalisme n'est pas la seule valide. Sir Winston Churchill ne disait-il pas : « Le vice inhérent au capitalisme consiste en une répartition inégale des richesses. La vertu inhérente au socialisme consiste en une égale répartition de la misère » ?

Les tenants du capitalisme ne sont pas tous des Exterminator et les moins riches d'entre nous ne sont pas pour autant des victimes... Hitler était un méchant pauvre et Bill Gates n'est pas un oligarque assassin.

Quoi qu'il en soit, Hervé Kempf a des solutions : il faut « abaisser les riches » plutôt que relever les pauvres. Pour mettre fin à cette course à la consommation ostentatoire, il préconise des contrôles radicaux de la richesse par un « plafonnement du salaire maximum et de l'accumulation de la richesse patrimoniale », une sorte de pendant du salaire minimum mais par le haut. La vieille marotte égalitaire... « Chaque fois que l'on agite la bannière de l'égalité, cela se traduit par des privilèges pour certains et une oppression pour les autres », souligne en connaisseur l'ancien dissident soviétique des années soixante-dix Vladimir Boukovsky. Jacques Attali, interviewé dans le magazine *Challenges*, estime que « le marché va élargir son rayon d'action, le capitalisme imposer la démocratie dans les pays qui ne la connaissent pas encore. L'économie de marché conduit le libéralisme politique à progresser. Nous avons vu la dictature tomber en Grèce, en Espagne, au Chili, au Brésil, en Turquie, en Corée du Sud et dans les pays de l'Est. Aujourd'hui, plus de 80 nations ont un pouvoir exécutif contrôlé par un Parlement et respectant les principaux droits de l'homme ».

Même Raul Isaias Baduel, camarade historique du dictateur vénézuélien Hugo Chavez, est désormais lucide. Lors de l'été 2007, quelques jours avant d'être limogé par le *lider del socialismo*, celui qui était encore ministre de la Défense s'était écrié : « Avant de distribuer la richesse, nous devons la créer. » Grave dérapage qui lui coûta sa place.

Pour reprendre une idée chère à Fernand Braudel, le capitalisme a besoin de hiérarchies pour exister, mais le capitalisme ne les invente pas, il les utilise, de même qu'il n'a pas inventé le marché ou la consommation. Les sociétés libres ne distillent pas de potion magique. La perfection n'existe nulle part, sauf peut-être dans la tête des idéologues et des charlatans. Les sociétés libres ont simplement le mérite d'autoriser la croissance et le développement pour le plus grand nombre. Ce n'est déjà pas si mal. En réalité, les recettes d'Hervé Kempf sont fondées sur la contrainte, les quotas, l'approche limitative. Elles sont du même tonneau que celles auxquelles la gauche nous a habitués. Pascal Salin connaît le couplet : « Que l'État impose la gratuité dans n'importe quel domaine, et l'on récoltera la pénurie. Que l'État impose un contrôle des prix, des loyers, ou des salaires, il y aura pénurie des produits, des logements, ou de qualifications. Que l'État interdise les licenciements, et l'embauche deviendra impossible. Qu'il taxe les activités économiques, le volume même de ces activités économiques se réduira, ce qui tarira la matière fiscale elle-même. Qu'il promette l'accès aux soins pour tous, et le système de santé s'effondrera. »

Mais au fait, de quelle gauche parlons-nous ? Bernard-Henri Lévy rêve de « briser l'homonymie qui donne le même nom – la gauche – aux héritiers de Lénine et de Jaurès... ». La gauche française a-t-elle toujours été aussi manichéenne sur le sujet de l'argent ? Non.

Les Torquemada de la bien-pensance, les gourous altermondialistes, les « enfants de Ségolène » devraient se remettre en mémoire l'époque où la gauche française, avant 14-18, se plaçait dans le camp des libre-échangistes face à une droite réac et protectionniste.

Blairiste avant l'heure, entraînée par des leaders décomplexés, cette gauche moderne sut réfléchir au sujet de l'internationalisation économique, avec discernement et dans un cadre beaucoup plus ouvert qu'aujourd'hui. Selon Suzanne Berger, « le socialisme de Marx se trouvait étendu à une manière d'universalisme républicain, générateur d'une nouvelle solidarité internationale, bénéfique aux ouvriers italiens, à l'outil industriel russe, ou à l'agriculture sud-américaine ». Au début du siècle, cette vision humaniste et quasi libérale prévalait même dans l'approche syndicale ouvrière. Les mouvements syndicaux français, lorsqu'ils furent confrontés à l'arrivée d'immigrés italiens ou belges venus travailler dans l'industrie du verre, dans un contexte social difficile, réagirent de façon inattendue, refusant de « bouter hors de France » cette main-d'œuvre concurrente. Ils préférèrent même des mesures destinées à protéger ces étrangers fragilisés par des explosions de violence anti-immigrés. De ce point de vue, le blanc-seing de Jean Jaurès à la logique de marché tranche avec la conception protectionniste et antimondialisation des syndicats actuels. L'icône de la gauche française, le fondateur de *L'Humanité* – que Nicolas Sarkozy s'est plu à citer en plusieurs occasions durant la campagne électorale de 2007 –, était-il un prosélyte du capitalisme à visage humain ? Suzanne Berger, dans *Notre première mondialisation*, rappelle ce mot de Jean Jaurès à la Chambre des députés : « Je ne suis pas opposé de parti pris, pour ma part, à tout placement de capital français dans les pays étrangers [...], sans doute ne serait-il pas bon d'interdire aux capitaux français, à l'heure où le monde entier est en travail et en croissance économique, de participer à ce mouvement. » Sous son influence, les socialistes acceptèrent l'idée que le capital devait circuler librement d'une nation à l'autre et qu'il avait une vertu émancipatrice. Le 13 janvier 1911, Jaurès récidive à la

Chambre : « Le réseau des intérêts économiques et financiers oblige tous les peuples à se ménager les uns les autres, à éviter les grandes catastrophes de la guerre. » Quelques mois plus tard, le 20 décembre 1911, il enfonce le clou et constate que le marché comporte une dimension salvatrice : « De plus en plus d'intérêts se diversifient, se mobilisent, se mêlent, s'enchevêtrent ; par-dessus les frontières des races et par-dessus les frontières de douanes, travaillent les grandes coopérations du capitalisme industriel et financier, et les banques, les grandes banques s'installent derrière les entreprises, elles les commanditent, elles les subventionnent, et en les commanditant, en les subventionnant, elles les coordonnent [...]. Il se fait ainsi un commencement de solidarité capitaliste, redoutable quand elle est manœuvrée par des intérêts inférieurs, mais qui, sous l'inspiration de la volonté commune des peuples, peut devenir à certaines heures une garantie pour la paix. » En 1914 enfin, à la veille de la guerre, Jaurès lance : « Le capitalisme même, en ce qu'il a de plus sain, de plus fécond, de plus universel, a intérêt à apaiser et prévenir les conflits. » Cette vision sociale-libérale, partagée par Karl Kautsky ou Jules Guesde, agacera beaucoup un Lénine désarçonné par ce ferment déviant, fleurant le menchévisme avant l'heure. Pour châtier les audacieux et étouffer dans l'œuf toute velléité, il publiera en 1916 *L'Impérialisme, stade suprême du capitalisme.*

Réveillons la gauche, car ce texte de Lénine date. Il est temps de changer de référent. Hélas, comment ? et surtout quand ? « Il y a donc en France une force pour mobiliser la gauche. Le problème est qu'il n'y en a pas pour la repenser », se lamente Jean Daniel dans *Le Nouvel Observateur* du 21 juin 2007. « Nous avons le dernier parti socialiste d'Europe à considérer qu'être pro-business c'est être nécessairement antisocial, s'insurge le

P-DG de la Fnac Denis Olivennes, ancien conseiller de Pierre Bérégovoy à Matignon. En caricaturant, le programme de la gauche devrait être : libéralisme pour les entreprises, socialisme pour les travailleurs. Mais non, la rue de Solferino continue de croire qu'en assommant les entreprises de règlements, de contrôles, de taxes, on fera advenir la justice sociale. Vingt ans d'échec de ces politiques, avec une France en retard de croissance, de richesse et d'emplois, ne réussissent pas à faire tomber ces vérités archaïques. » Pour Piero Fassino, secrétaire général des démocrates de gauche (les ex-communistes italiens), « la gauche doit apprendre à manier des concepts tels que la globalisation, l'intégration européenne, les droits des citoyennetés, la sécurité, le mérite. Ce sont des nouveaux mots qui appartiennent au vocabulaire de la droite. Mais ils renvoient à un besoin de modernité. Avec des leaders comme Aznar, Sarkozy ou Cameron, la droite européenne n'est plus traditionaliste et obscurantiste comme elle a pu l'être autrefois ».

Soyons honnêtes, certains à gauche ont changé. Et cette dérive des continents trouble nos intellectuels. Daniel Lindenberg, historien des idées, n'a pas apprécié que « ces bons esprits passés du marxisme doctrinaire au culte de la souveraineté, du gauchisme chevelu à la croisade de la modernité » trahissent. Ces vedettes de l'intelligentsia fustigées par le gardien du dogme Lindenberg sont Alain Finkielkraut, Pierre-André Taguieff, Philippe Muray. D'autres, plus récemment, leur ont emboîté le pas : Éric Besson, Jean-Marie Bockel, Max Gallo, Bernard Kouchner, DSK, Jack Lang, Martin Hirsch... Accusés d'instruire, pêle-mêle, le procès de Mai 68, de l'antiracisme ou des droits de l'homme, ils sont devenus à tout jamais des ennemis infréquentables.

Lindenberg leur en tient vraiment rigueur. L'opinion

publique est plus indulgente. Elle sait que cette rage vengeresse passera. Car en France et dans le monde, quand les changements politiques sont passés par des élections libres, l'anticapitalisme n'a jamais triomphé. Après Jean Jaurès, nombre d'élus de la SFIO, Léon Blum en tête, ont montré un attachement tout particulier au marché. Sans doute en raison de la méfiance très forte que le Front populaire entretenait à l'endroit du planisme et de l'étatisation de l'économie. En ce temps-là, pour la gauche, l'appareil d'État, c'était l'ennemi de classe : la bourgeoisie conservatrice. Aussi Léon Blum est-il résolument partisan d'une économie libérée de la tutelle publique : « Tandis que la règle du capitalisme américain est "permettre aux nouvelles entreprises de voir le jour", il semble que celle du capitalisme français soit "permettre aux vieilles entreprises de ne pas mourir" ! Mais le capitalisme français ne peut obtenir ce résultat contre nature sans une intervention active de l'État. C'est ce qui doit changer. » Dans la période du Front populaire, « les rares nationalisations réalisées par la gauche, note Suzanne Berger, seront des nationalisations soft : les entreprises nationalisées doivent rester autonomes, cogérées par les salariés, les usagers et des représentants de l'État. Ainsi, les industries aéronautiques, nationalisées pour des raisons stratégiques, restent largement pilotées par les anciens patrons et à l'abri de toute fonctionnarisation ». Cet antidirigisme passionné de la France d'avant-guerre est un trait de caractère désormais refoulé de nos mémoires et de nos manuels d'histoire. Suzanne Berger remarque : « On présente souvent notre champion national EDF comme un bon symbole de ce prétendu "colbertisme" congénital qui nous viendrait de la nuit des temps et dont certains voudraient faire un des traits "intouchables" de notre génie national. Il s'agit pourtant d'un héritage fort récent et donc d'un contre-exemple : combien de Français ne seraient pas surpris d'apprendre que les producteurs d'électricité en 1940 étaient près d'un millier ? »

Ce Léon Blum-là qui se méfie du dirigisme économique n'est décidément pas celui de mon manuel d'histoire de 4e.

4

Ces ficelles qui nous embobinent

> « C'est le fonctionnement de tout ce
> système économique, où la course aux
> profits passe avant la vie des travailleurs,
> qui mène la collectivité à un crash. »
>
> Arlette Laguiller.

J'arrive essoufflé Chez Francis, la fameuse brasserie de
la place de l'Alma. Mon rendez-vous me reconnaît :
comme convenu, j'ai *Le Monde diplomatique* sous le bras.
C'est si rare ! Danielle s'est réfugiée sous l'auvent, car
en cette fin d'après-midi une pluie torrentielle s'abat sur
Paris. Les Parisiennes en tenue d'été courent pour
échapper à l'orage d'une rare violence. Je m'attends à
rencontrer une sorte de Geneviève de Fontenay maquil-
lée, sanglée dans un tailleur flamboyant. Mais Danielle
est une petite femme à l'élégance discrète. Je pense
découvrir un être brisé, torturé. Danielle est vive, drôle
même. « Enlevez mon nom de votre livre, me prie-t-elle
gentiment, ne conservez que mon prénom : ceux qui
me connaissent me reconnaîtront et les autres me fiche-
ront la paix. » Danielle est le fruit d'une longue tradition
de gauche. Son papa a combattu Franco pendant la
guerre d'Espagne. Il était membre du POUM. Un anarchiste de chez Durruti. D'excellents combattants, mais

101

pas vraiment en odeur de sainteté pour les communistes espagnols qui les décimeront sur ordre de Moscou. Cruelle destinée pour ces courageux anarchistes, républicains de circonstance, poignardés par leurs « frères » de combat. Blessé à l'épaule, le père de Danielle survit et se réfugie en France, pour résister une nouvelle fois. Mais là, c'est l'envahisseur allemand, la campagne de France et l'armistice de Rethondes, la Seconde Guerre mondiale. Déporté à Mauthausen, il s'en sort à nouveau.

Danielle, elle, ne milite pas. À l'université, elle ne choisit ni la sociologie, ni l'histoire, ni aucune des sciences humaines qu'on lui vante. Elle veut être économiste et rédige une thèse sur l'analyse du marché des produits cosmétiques à la Sorbonne. Les métiers du luxe et de la mode la fascinent. Après tout, le sujet est au cœur de l'excellence française. Elle s'étonne qu'aucune filière de formation universitaire ne permette aux étudiants d'apprendre ces métiers. Une carence. Mais elle est là. Alors, entre 1981 et 1990, elle va contribuer à créer neuf diplômes à vocation professionnelle pour des scientifiques, sur le campus de sciences d'Orsay, tout en menant, en parallèle, une activité de recherche consacrée au luxe et à la mode. Elle publie ses premiers articles et ses premiers ouvrages sur le sujet. Beaucoup d'autres vont suivre. Danielle se fait un nom dans l'Université française. En 1990, alors que Lionel Jospin est ministre de l'Éducation nationale, on lui demande de créer à Marne-la-Vallée un DESS Gestion des industries du luxe et des métiers de l'art. Elle le crée et le dirige officiellement jusqu'en 2000. Le succès est inattendu. Pour seulement 25 places disponibles, plus de 600 étudiants se pressent la première année. On y forme les futurs managers du luxe, les responsables marketing des grandes maisons : Dior, Hermès, Lalique, Jean Patou, Nina Ricci, Vuitton, Céline, Yves Saint Laurent, Chaumet... C'est le premier diplôme au monde sur le luxe. Les grands noms de la mode saluent son talent et puisent dans son vivier de jeunes experts. Où est le problème ?

Danielle ne veut pas trop parler. J'insiste. « Le problème, c'est que je travaille dans l'Université française, sourit-elle d'un air entendu. Et que mon matériau d'étude, le luxe, touche au monde des riches, des nantis, de l'argent et des mannequins qu'on exploite – Danielle simule des guillemets avec ses deux index. Très rapidement, mes collègues m'ont jugée infréquentable. On a commencé à m'éviter, à me marginaliser, puis à demander mon départ. On a commencé à œuvrer contre moi, soutenant un collègue qui demandait ma place. Moi je ne suis pas syndiquée, donc peu soutenue. Au bout de quelques années, ils ont réussi à me rendre la vie impossible : je n'avais plus de salles de cours. J'ai subi des pressions insensées. J'aurais pu craquer, aller faire des piges dans le privé où l'on me faisait des ponts d'or. J'ai été l'une des rares à refuser. En 2000, on me demande de donner son diplôme à une étudiante qui ne l'avait pas eu. Je refuse de passer outre la décision d'un jury souverain. On insiste lourdement. Je trouve la démarche étrange. J'ai cherché quelles étaient leurs motivations et découvert, en me renseignant, que c'est une méthode fréquente. Soit vous obtempérez, et ils vous tiennent à vie car vous avez fait une faute professionnelle en passant outre la décision d'un jury. Soit vous refusez, et vous entrez en guerre contre eux. En 2000, ils ont nommé quelqu'un d'autre à ma place, qui n'avait pas de légitimité dans ce domaine. La raison officielle était que je m'étais trop investie dans cette formation. Les élèves étaient tellement outrés qu'ils se sont battus, ont alerté la presse, les professionnels de la mode. Cela m'a sauvée une première fois. On m'a confié un second diplôme, cette fois à Paris III-Sorbonne nouvelle, autrement dit à Censier. Je craignais un peu de redémarrer dans cet endroit. Je savais que culturellement Censier était encore plus marqué par les corporatismes et la culture "anti-argent". Le scénario s'est déroulé exactement comme la première fois. J'ai subi de nouvelles pressions pour qu'un étudiant recalé ait son diplôme. Après mon nouveau refus, ils tenaient leur prétexte. Les mécanismes de pressions et de menaces qui s'installent sont très insidieux. Parfois très personnels. Tout est fait pour qu'aucune preuve n'apparaisse. Je vous laisse imaginer le reste. »

Danielle n'en dira pas davantage. D'après plusieurs enquêtes menées par de nombreux journalistes de la presse écrite, et notamment Patrick Fauconnier du *Nouvel Observateur*, cet acharnement n'est pas totalement étranger à un opiniâtre syndicat d'inspiration trotskiste, puissant dans la sphère universitaire. Il ne supportait pas que l'Université française œuvre dans un domaine aussi peu académique. Cela aurait créé un précédent. Aujourd'hui, Danielle ignore si elle reprendra son travail. Victime au quotidien d'une culture de l'exclusion, elle est tombée gravement malade. Pourquoi tout ça ? « Au nom de l'idéologie probablement, répond-elle. Sans doute parce que j'enseigne une discipline qui échappe à leur vision binaire du monde, avec les dominants et les dominés. Je n'étais encartée dans aucun parti, aucun syndicat. J'étais juste une femme, laïque et républicaine, sans aucun lobby pour me défendre. »

Même si la gauche radicale ne représente que quelques millions d'électeurs, son influence idéologique sur les « partis de gouvernement » est énorme. Rompue à l'agit-prop, inusable, comploteuse, elle se réinvente sans cesse, avec la foi du charbonnier, dans le dessein de mettre à bas la diabolique économie de marché. Aujourd'hui l'ultragauche ne dénigre plus la novlangue des jeunes urbains branchés et les grands phénomènes de mode. Si les idées demeurent, le packaging est plus marketté. Ainsi

104

de nouvelles tribus à la mode ont récemment fait leur apparition : les objecteurs de croissance, autrement baptisés « alterconsommateurs », ou « créatifs culturels ». C'est une bande hétéroclite de 20 à 60 ans dont les membres sont unis par une même idéologie : la décroissance. Les alterconsommateurs ne se recrutent pas tous, loin de là, chez les altermondialistes ou les ex-baba cool, mais tous adhèrent à l'idée que « moins, c'est plus ». Il ne s'agit plus de mettre à bas la société, mais de la rendre « plus durable et acceptable ».

Plus nihilistes, les « tech-refuzniks » sont hostiles au progrès. Capables d'utiliser la violence pour détruire une application technologique, ils s'en prennent au matériel qui incarne la modernité. Ces anars anti-techno se sont baptisés « néoluddistes », du nom de Ned Ludd, ce célèbre briseur de machines qui contestait jadis l'esclavagisme industriel. Ces *rebels against the future* n'ont pas hésité, le 17 novembre 2005, à détruire à coups de marteau deux bornes biométriques de la cantine du lycée de Gif-sur-Yvette. Dans *Libération* du 21 juin 2007, Célia Izoard, une des trois inculpés du collectif contre-biométrique, expliquait son geste : « Ces destructions volontaires d'objets technologiques, plants d'OGM, objets biométriques ou ordinateurs s'apparentent à la démarche luddite en ce qu'elles ne visent pas en premier lieu à obtenir de meilleures conditions de travail à l'intérieur du système de production industriel, mais bien plutôt à s'en extraire. »

Face à un PS dont les idéologues vont souvent puiser du contenu dans le laboratoire d'idées gauchistes pour alimenter leur programme politique, les trotskistes, les sectes écoloradicales, les militants de la Ligue des droits de l'homme ou de la Cimade – qui rêvent de baptiser des rues du nom d'enfants sans papiers – ont beau jeu de surenchérir. Ils disposent de puissants relais d'opinion. À titre d'exemple, à chacune de ses mises en scène médiatiques, la mouvance sans-papiériste peut compter sur Josiane Balasko, Yannick Noah, Emmanuelle Béart, Dan Franck, Guy Bedos, Florence Aubenas, Danielle Mitterrand... Des stars très habiles dans l'art des petites phrases que personne ne se risque à critiquer. Et surtout pas les intellectuels et les universitaires acquis à cette liturgie de gauche et qui défendent bec et ongles la vision manichéenne d'un monde organisé autour de deux pôles : les victimes et les oppresseurs. Le pays s'enfonce dans la pauvreté, ressassent ces ultragauchistes. Que n'existe-t-il un politique documenté ou un journaliste renseigné pour leur répondre que c'est faux : l'Observatoire national de la pauvreté et de l'exclusion sociale, dans son rapport 2005-2006, explique que le nombre de pauvres en France s'élève à 3 694 000, contre 5 785 000 en 1970. Le taux de pauvreté, qui était alors de 12 % de la population, n'est plus aujourd'hui que de 6,3 %.

Mieux, de nombreux Français, à rebours de l'opinion dominante, ne regardent plus l'argent comme une machine à ségréguer mais comme un moyen d'émancipation, un levier égalitaire. Rachid Semane, chef d'entreprise au Blanc-Mesnil, en Seine-Saint-Denis, propose une lecture assez nouvelle sur ce sujet : « J'ai 39 ans, et je fais partie d'une génération issue de l'immigration. Dans une France où les entreprises étaient peu portées sur la diversité, j'ai passé dix ans à envoyer des CV sans résultats. Dix années difficiles. Chômage, petits boulots au black, Assedic. J'ai peut-être envoyé mille CV et je n'ai été convoqué qu'à deux ou trois entretiens durant toute cette époque. Je ne m'en suis sorti qu'en montant ma boîte. Les rares choses qu'un petit Français originaire d'Algérie savait faire se comptaient sur les doigts de la main : la maçonnerie, le gardiennage, et la chaudronnerie puisque j'avais fait un BEP. J'ai choisi la mise en sécurité des équipements industriels de la région.

106

Aujourd'hui, ma société fait un carton. J'emploie 80 personnes, je vais entrer à la jeune chambre économique, je suis membre d'un syndicat patronal où je suis respecté, j'ai une jolie maison. La morale de cette histoire pourrait se résumer par cette formule : petit immigré pour qui la République est impuissante, monte ta boîte ! Car dans une société française cloisonnée, je n'ai pu m'en sortir et devenir respecté qu'en montant mon affaire et en gagnant de l'argent. Le système éducatif, les Assedic, la solidarité nationale n'ont rien pu pour moi. J'ai grandi dans une circonscription électorale communiste, et me voilà libéral convaincu. »

L'argent égalitaire ? Une idée qui n'est pas nouvelle. Dans les années trente, Franklin Frazier analysait deux formes de hiérarchie sociale au sein de la bourgeoisie noire américaine. La première était fondée sur la couleur de la peau. Elle excluait des cercles de la bourgeoisie métisse ceux à la peau sombre, car la peau claire, preuve d'ancêtres blancs, était censée conférer naturellement des qualités supérieures dans les représentations esclavagistes. Cependant, dans les années vingt, la nouvelle bourgeoisie noire des villes du Nord, méprisée, posait des questions telles que « Quelle est sa profession ? » ou « Combien gagne-t-il ? ». La richesse monétaire supplantait le patrimoine génétique comme fondement de distinction sociale. L'argent, agent anti-discriminant. Nous sommes là dans une notion très importante et trop souvent écartée, car iconoclaste : l'argent peut dépasser des positions établies sur des caractères hérités, comme la couleur de peau ou un nom de famille prestigieux. Paradoxalement, alors que l'argent peut être critiqué comme source d'inégalités dans une société qui a aboli les privilèges, on s'aperçoit qu'il peut être un véritable agent de désenclavement social, voire un levier antiraciste...

Autre marotte de toutes les gauches françaises : en

cinquante ans, les écarts relatifs auraient été multipliés par dix entre les pays dits riches et les pays dits pauvres. Pour l'économiste Roland Granier, professeur émérite de l'université d'Aix-Marseille, ce raisonnement est dangereux et trompeur. Explication : « Se focaliser sur l'écart peut occulter nombre d'autres observations, positives pour bien des pays pauvres. Ainsi, si le Tchadien moyen voit son revenu annuel s'améliorer de 50 dollars, c'est beaucoup plus important pour lui que ce ne l'est pour le citadin moyen de Chicago. Allez donc expliquer au premier que la chose est sans importance, sous prétexte que l'écart de revenus entre les deux individus se serait aggravé ! On voit bien, moyennant un exemple aussi simple, en quoi la focalisation sur un écart éventuellement croissant est utile aux détracteurs du capitalisme et de la mondialisation : elle permet d'occulter toute observation positive qui se révélerait trop gênante. L'image qu'on donne d'une réalité peut, en effet, être falsifiée par déformation comme par amputation. Voudrait-on par ailleurs que les pays capitalistes riches s'asseoient sur le "bord de la route" pour attendre les pays pauvres ? Certains utopistes ont souhaité, au début des années soixante-dix, une "croissance zéro", ou à tout le moins une croissance très "douce". Ainsi, compte tenu du niveau actuel de l'écart pauvres-riches, il faudrait deux cent soixante-six ans pour la stabilisation de l'écart absolu et trois cent onze ans pour le rattrapage intégral. Il paraît ainsi bien hypocrite ou malhonnête de se plaindre sans cesse de l'élargissement du fossé. »

Penchons-nous quelques instants sur l'évolution des indicateurs du développement humain (IDH) relatifs à un certain nombre de pays certes pauvres, mais qui donnent des raisons d'espérer. Ces indicateurs correspondent à une notion de niveau de vie beaucoup plus large que le seul revenu per capita. Ils intègrent des données statistiques habituelles concernant les pays du Sud, sur le revenu par tête, mais aussi sur l'espérance de vie à la naissance, sur le taux d'alphabétisation des adultes et sur le taux brut de scolarisation (du primaire au supérieur). Ces IDH révèlent que nombre de pays en voie de développement ont vu leur écart diminuer ces dernières années avec les pays dits riches. Pour Roland Granier, « nous voici donc bien loin, au total, de confirmer la thèse dominante de l'écart croissant. L'entreprise de désinformation de l'opinion mondiale est en ce domaine vraiment manifeste, car ce sont au total 3 320 770 000 individus, soit plus de 56 % de la population mondiale et environ 78 % de la population des 90 pays les moins développés, pour lesquels des mesures statistiques sont possibles, qui ont résolument entrepris un rattrapage du monde riche au cours des cinquante dernières années du XXᵉ siècle ». Pourquoi alors insiste-t-on autant sur le fait que la pauvreté s'aggraverait – sentiment en totale contradiction avec les indicateurs publiés par l'Observatoire de la pauvreté ? Autre incongruité : entre 1995 et 2005, les Français se sont considérablement enrichis. En 1995, leur patrimoine s'élevait à 3 690 milliards d'euros. En 2000, il atteint 5 381 milliards d'euros et en 2005, il s'est envolé à 8 200 milliards d'euros.

Il est vrai qu'il existe une propension, à gauche, à aller débusquer la pauvreté à des milliers de kilomètres, lorsqu'elle pourrait être traquée si près de chez soi. Pour Suzanne Berger, l'attention de la gauche française se porte d'abord sur ceux dont la situation est la plus éloignée de celle des sociétés industrielles avancées : la Somalie, le Mali, l'Afghanistan, Haïti, le Burkina Faso. « L'internationalisme contemporain, commente-t-elle, s'intéresse principalement à des populations et à des sociétés qui ne sauraient être objectivement considérées comme une menace économique pour les intérêts des électeurs de gauche. La gauche ne demande et ne s'impose aucun sacrifice majeur quand elle fait pression pour annuler la dette des pays pauvres, quand elle propose de protéger la propriété des plantes indigènes, de fabriquer des médicaments génériques, quand elle milite pour instituer une souveraineté agricole, ou pour accorder aux pays les plus pauvres d'autres exemptions aux règles de l'OMC. Car la vraie menace sur la distribution des revenus, ce ne sont pas les demandes de pays dont la production ne concurrence en rien celle de la France et qui ne risquent en rien d'attirer les investissements étrangers ; c'est la montée en puissance des travailleurs chinois, indiens, russes, mexicains ou turcs qui bénéficient d'un bon niveau d'études, sont aux portes des marchés mondiaux et jouissent d'un environnement local favorable aux investissements étrangers. Les seuls pays à avoir sensiblement élevé le niveau de vie de leur population, depuis la guerre, sont ceux qui, comme la Corée du Sud, la Chine, Taïwan et Singapour, ont parié sur les exportations et fondé leur croissance et leur développement sur l'ouverture des frontières de l'Europe et des États-Unis. Si l'on veut vraiment réduire la pauvreté, conclut Suzanne Berger, il faut élargir demain le cercle des pays aisés, élever le niveau de vie des salariés de ces pays émergents, il faut donc ouvrir nos frontières. Que dit la gauche devant une telle perspective ? Elle s'en tient à un discours curatif tiers-mondiste bien connu, fondé sur une approche humanitaire et caritative : envoyer des médecins dans des zones où ils sont nécessaires, effacer la dette de pays en difficulté. Des pansements dérisoires qui ne sauraient durablement éloigner la pauvreté. »

En filigrane, cette gauche entretient une vision dix-neuviémiste de la France, fleurant bon le manichéisme cocardier, les *Mystères de Paris* d'Eugène Sue, et l'époque nostalgique où la société française était coupée en deux :

d'un côté les pauvres, exploités, et face à eux les riches, forcément cyniques... La principale imposture de ces gauches radicales consiste à ne pas voir la droite comme elle est, mais plutôt comme elle fut. Le procédé est archaïque, mais avec la complicité de la presse, de l'école, de l'université, des intellectuels, la mayonnaise prend presque toujours. Cette référence au passé semblerait pourtant tout à fait inappropriée si elle était orchestrée par le camp adverse. Imaginez plutôt Xavier Bertrand reprochant à Arnaud Montebourg l'assassinat de Louis XVI, le génocide vendéen de 1793, ou les camps de concentration de Brejnev (il en restait près de 200 au début des années quatre-vingt). Alors qu'à gauche, sur l'air de « ils l'ont déjà fait, ils le referont », on continue d'alimenter le débat avec des références à un passé que tout le monde a oublié. Ainsi les cercles de l'ultra-gauche, toujours prompts à phosphorer pour le PS, relisent la petite histoire illustrée de la droite dans l'espoir de débusquer du honteux ou du vilain...

Récemment ils ont déterré un courant de pensée que tout le monde avait oublié : les utilitaristes britanniques de la fin du XVIIIe siècle. Selon eux, l'utilité faisait loi : la société déployait le maximum d'efforts pour le plus grand nombre et il fallait accepter que le résultat soit malheureusement très décevant pour tous ceux auxquels le bonheur n'était pas accessible : « On ne fait pas d'omelette sans casser des œufs. » L'utilitarisme : belle analogie pour dénoncer le libéralisme actuel dans les revues intellectuelles. Cette philosophie qui porte la marque de son temps est désormais confite. Mais qu'importe. Autre mouvement qui pourrait nourrir le combat idéologique : le darwinisme social et son prosélyte, John D. Rockefeller, le premier de la dynastie, qui déclara dans un discours célèbre : « La variété de rose "American Beauty" ne peut être produite dans la splendeur et le parfum qui enthousiasment celui qui la contemple qu'en sacrifiant les premiers bourgeons poussant autour d'elle. Il en va de même dans la vie économique. Ce n'est là que l'application d'une loi de la nature et d'une loi de Dieu. » Le discours simplificateur de la gauche agace l'économiste Jean-Louis Caccomo, auteur de *La Troisième Voie* : « Chacun sait que le principe d'exploitation des pauvres pouvait s'appliquer aux régimes précapitalistes où l'enrichissement d'une minorité est basé sur l'appauvrissement du plus grand nombre, la fiscalité envahissante servant d'instrument de spoliation. Désormais, le développement du capitalisme repose justement sur un processus de création continue de richesse qui n'est en rien borné par la quantité nécessairement limitée de ressources naturelles, pour peu que l'on se libère des anciens systèmes. » Plus récemment, dans *Le Monde diplomatique* (juin 2007), les journalistes Éric Toussaint et Damien Millet affirmaient que le Chili d'Augusto Pinochet et l'Argentine de Videla ont constitué de véritables laboratoires pour les politiques néolibérales. Traduction pour ceux qui n'auraient pas compris : le libéralisme est le pendant économique des dictatures sanguinaires.

Une autre grande imposture de l'extrême gauche réside dans sa capacité à mentir sans mentir. De ce point de vue, les chiffres et les statistiques constituent une arme redoutable. « Les faits sont têtus, notait Mark Twain. Il est plus facile de s'arranger avec les statistiques. » En matière d'emplois en France, les politiques ont pris la fâcheuse habitude de faire parler les chiffres... un peu trop parfois. Après des années de bidonnages catastrophistes destinés à nous « alerter », Jacques Marseille corrige : « Ce ne sont pas 21,8 % des jeunes Français de 15 à 24 ans qui sont au chômage, mais seulement 21,8 % des jeunes qui ont terminé leurs études et qui cherchent un emploi, soit seulement 7,8 % des jeunes.

Ce qui est moins anxiogène que ne le pensaient les lycéens et les étudiants qui sont descendus dans la rue en mars 2006. » Mais qu'importe, lancée dans un meeting, ou au cœur d'un reportage au journal de 20 heures, la formule porte : 21,8 % des jeunes Français sont au chômage. Mensonge catastrophiste et électoraliste. Toujours à propos de l'emploi : alors que les Français sont persuadés que la précarité gagne du terrain, Marseille corrige encore, expliquant que « la France se situe parmi les pays où la stabilité est la plus importante. Avec une durée d'ancienneté moyenne de plus de onze ans, elle a même légèrement progressé depuis 1992 ». Alors que les Français ont le sentiment que les inégalités se sont accrues au cours des vingt dernières années, toutes les statistiques démontrent le contraire : la France d'aujourd'hui est beaucoup moins inégalitaire que la France prospère des Trente Glorieuses. Certains pays d'Europe du Nord font certes mieux que nous, mais la France d'aujourd'hui n'est pas à la traîne du monde développé.

« Vous n'avez pas le monopole du cœur », lançait VGE à François Mitterrand lors du débat présidentiel télévisé de 1974. La compassion, la redistribution de l'argent, la fraternité sont-elles l'apanage de la gauche ? L'efficience d'un système de solidarité nationale est-elle soumise à la condition préalable qu'il soit entrepris par le secteur public ? L'espérance en un monde meilleur n'est-elle qu'une utopie de gauche ? Toujours dans la catégorie mentir sans mentir, il y a ce grand classique, implanté dans le cerveau de chaque Français dès la naissance : la gauche s'occupe des pauvres et la droite des riches. Ce qui se traduit toujours par : l'État est légitime à combattre la pauvreté que le capitalisme libéral a créée. Tout contredit cette vérité qui, à force de livres d'histoire réécrits, est devenue une sagesse populaire. Magnifique imposture.

Considérons le sujet de la pauvreté dans l'histoire aux xviiie et xixe siècles. C'est historiquement un problème sociétal pris en charge par des associations privées, des humanistes issus du monde industriel, des bénévoles chrétiens, des aristocrates désœuvrés soucieux d'améliorer le sort de leurs compatriotes, ou des riches bourgeois éclairés. Il ne s'agit pas de renter dans une compétition vide de sens, mais de restaurer un oubli : nos livres d'histoire ne mentionnent pas l'œuvre immense accomplie par les associations caritatives aux xviiie et xixe siècles. Il m'a suffi d'une journée à la London Library pour en recenser quelques-unes parmi les plus actives. Certaines ont des raisons sociales qui évoquent les beaux idéaux de jadis, la foi dans le progrès et dans les capacités des êtres humains : ainsi la Société suisse de l'utilité publique ; la Société pour le bon et l'utile, établie à Bâle en 1776 ; la Société philanthropique, fondée à Paris en 1780 ; l'Association pour le bien public, à Amsterdam en 1784, la même année qui vit la constitution à Edam de la Société pour le bien-être général dont les membres, de riches bourgeois, s'engageaient à parrainer des jeunes de famille pauvre tout au long de leur éducation ; la Société philanthropique impériale russe de 1818, et la Fondation pour l'hôpital des enfants trouvés de Moscou, dont les coupoles rivalisaient avec celles du Kremlin impérial ; l'Association prussienne centrale pour l'amélioration des classes sociales. Quelques chiffres permettent de mesurer l'importance économique de ces œuvres de bienfaisance. La Maatschappij van Weldadigheid (Société de bienfaisance néerlandaise) reçut des contributions de 20 000 riches citoyens de Hollande en 1818 pour conquérir des terrains sur la mer, où des pauvres pourraient s'établir comme agriculteurs. Aux États-Unis, Andrew D. Carnegie fit des dons pour un montant total de plus de 288 millions de dollars. En ces années, à titre de comparaison, les recettes du Trésor fédéral oscillaient entre 200 et 300 millions de dollars.

Bien que les femmes françaises n'aient obtenu le droit de vote qu'en 1944, c'est en France et pas en Allemagne ni en Angleterre que furent fondés les premières crèches et les hôpitaux spécialisés pour enfants, grâce à la Société de charité maternelle fondée à Besançon en 1801, qui couvrit rapidement toute la France, grâce aussi à la Société de Saint-Vincent-de-Paul, fondée par Frédéric Ozanam en 1833. Il est étonnant de constater que ce travail caritatif n'a jamais vraiment été l'apanage des forces de progrès. Après guerre, la gauche française était toute-puissante. Un électeur sur trois votait pour le parti communiste. Mais syndicats, associations, partis politiques avaient une fibre sociale pour le moins sélective : la classe ouvrière oui, les indigents non.

Une autre imposture consiste à faire croire que *ça va mal.* Il faut faire peur. Créer des mots anxiogènes : Maastricht, Bruxelles, mondialisation, ultralibéral, Sarkozy, ordre moral, super-profits, fonds de pension... Car l'extrême gauche sait que son salut est conditionné par l'adhésion populaire à de grandes peurs. Et plus ça va bien, plus il est urgent de clamer que ça va mal. Le 30 mars 2007, un fanzine d'extrême gauche s'attaque au fonds américain Blackstone, actionnaire du deuxième groupe français d'hospitalisation privée : Vitalia. Titre de l'article : « Les loups de la finance dévorant la santé. » On y lit que les fonds sont des « charognards financiers » ou des « lobbies de la mondialisation financière », voire des « démanteleurs d'entreprises, professionnels et brutaux ». On évoque un « déferlement de fonds spéculatifs », on note au passage que « Augusto Pinochet fut l'un des principaux interlocuteurs de ces fonds dans la mise en place de la privatisation des retraites ». Mazette : mettez-vous à la place de l'infirmière de la clinique de

Gentilly, à Nancy, qui appartient à Vitalia... Après enquête, il apparaît que Blackstone est l'un des fonds américains les plus fréquentables. Créé voici plus de vingt ans, il est considéré par la puissance publique américaine comme un fonds « éthique », il finance en France un projet jugé excellent par la totalité des acteurs de la santé : ministère, syndicats, médecins, autorités régionales. Et ce depuis plusieurs années. On découvre qu'il a financé des travaux considérables pour « remettre à niveau » des petites cliniques de province. Qu'il n'a licencié personne. Bref, rien qui fasse penser à un « démanteleur brutal ». « Tout en brisant les lois éthiques et professionnelles, ces fonds visent à prendre le contrôle des entreprises de santé dans une logique uniquement comptable et financière, au détriment des usagers », conclut pourtant le journaliste.

Après les Américains, l'autre plat préféré de cette gauche-là, c'est le riche qui se répand. Johnny Halliday en Suisse : Arlette, Olivier, José et les autres adorent ! Du miel pour la gauche radicale. L'acteur Gérard Depardieu a récemment été condamné par le tribunal correctionnel de Montluçon à 3 500 euros d'amende pour outrage à des inspecteurs du travail sur un tournage de film. « Qu'est-ce que c'est que ces trois rigolos ? » s'était en effet emporté l'acteur, qui avait aussi affirmé : « C'est moi qui les paie avec les 75 % d'impôts qu'on me prend ! »

Le monde qui vient ne donne pas envie de sabrer le champagne à une réunion de section du Parti socialiste. Pire, il fait trembler la gauche. Il se passe si bien des grandes idéologies, il fait si bien son deuil des cosmogonies et des systèmes, il est si pragmatique, si libre économiquement, si mondialisé, si déculpabilisé que seule la France en a peur, grâce à l'infatigable travail de formatage des cerveaux accompli depuis des années par les forces de progrès. En effet, tel l'élégant dictateur albanais Enver Hodja seul contre tous dans les dernières heures du communisme, la gauche française feint d'ignorer le monde exaltant qui l'entoure. Ce manichéisme de bazar, cette machine à fabriquer la peur est le marigot préféré des enseignants qui prospèrent dans les CES. L'Éducation nationale, depuis l'après-guerre, mène un travail minutieux et persévérant de conscientisation politique des esprits. En s'appuyant sur un panthéon très personnel, elle s'autorise un « usinage » des enfants des plus contestables...

Dans le CES de la banlieue populaire de Nantes où j'ai végété entre la 6e et la 3e, les cours d'espagnol étaient épiques. Il ne fut question que des horreurs du franquisme, unique obsession de notre professeur. Le système de notation encourageait ceux qui, comme moi, dénonçaient le fasciste Franco. Durant quatre années, je fus le mieux noté, mais je ne parlais pas un mot d'espagnol au sortir de ma scolarité. Le message qu'il convenait de retenir était bien sûr qu'à tout moment, le fascisme était susceptible de revenir. Vigilance républicaine ! « Le ventre est encore fécond d'où est sortie la bête immonde », a dit Brecht. En 2007, les profs d'espagnol ignorent sans doute les détails de la guerre d'Espagne. La globalisation et la menace que Marine Le Pen fait porter sur notre démocratie doivent constituer désormais l'essentiel de leurs mises en garde républicaines.

En français, on ne m'a jamais parlé de Maupassant, Balzac, Flaubert, Stendhal. Encore moins de Ronsard, Villon, Verlaine. En revanche, j'ai eu la joie d'étudier trois années de suite des œuvres d'Émile Zola, l'auteur probablement le plus disséqué à mon époque, c'est-à-dire à la fin des années Giscard et au début des années Mitterrand. Je me souviens que notre prof, Mme F., nous avait invités à regarder le soir un téléfilm en deux volets consacré à la vie de l'écrivain. Puis nous avions ouvert un débat en classe. La mort singulière de l'écrivain, dans sa maison, provoquée par une cheminée déficiente, m'avait paru franchement suspecte. J'esquissai d'ailleurs une hypothèse : et si Zola avait été assassiné par les puissances d'argent ? Très impressionnée par ma déduction saillante, Mme F. me considéra tout de suite comme un « élève éveillé ». Nous vivions à l'heure de Zola. Il était notre JFK à barbe blanche, une manière d'icône. J'entrai en religion avec *Au bonheur des dames*. L'année suivante, j'eus droit à *La Curée*. Enfin, en classe de 4e, Mme F. nous dévoila un mythe fondateur de l'idéologie de gauche : *L'Argent*, le dix-huitième volume de la série des Rougon-Macquart, publié en 1891. Durant des mois, mes petits camarades et moi-même sommes restés immergés dans cette lecture. Résumés, explications de textes, tout fleurait la dénonciation de l'argent roi, « l'argent qui corrompt, l'argent qui tue », la spéculation financière et les scandales qui en découlent. Je fus à tout jamais marqué par Aristide Saccard, frère du ministre Eugène Rougon, qu'on avait déjà vu amasser une fortune colossale dans *La Curée*.

Depuis peu, les professeurs d'université participent à la rédaction des manuels de collège. Véritables prosélytes de la pensée de gauche, ils mènent leur tâche avec une componction exemplaire, excommuniant les hérétiques, excluant les iconoclastes, ou plus simplement ceux qui ont fait le choix de demeurer libres quand on leur demande de pétitionner pour quelque improbable cause. Il faut reconnaître que la rédaction d'un manuel scolaire est un art véritable. On ne formate pas n'importe commun. Il faut travailler en douceur, sans trop éveiller les consciences réactionnaires. C'est ainsi que les manuels de français du collège ont tout doucettement mis de côté la majorité des auteurs de droite ou des écrivains chrétiens. Le christianisme est absent ou souvent

attaqué. Et si la poésie engagée est désormais au programme de français de la classe de 3ᵉ, les auteurs des
œuvres qui dénoncent les excès du communisme ou de
la Révolution française sont bannis. Les dix derniers
livres de français parus en 2003 ont supprimé Charles
Péguy de la liste des auteurs à étudier... L'homme, il est
vrai, n'avait guère été tendre avec le socialisme. Ceux
qui ont refusé de s'engager dans les grandes causes du
xxᵉ siècle ne connaissent pas un meilleur sort. Exit Maurice Genevoix, qui expliqua son refus de l'engagement
sociopolitique dans le dernier chapitre de *Trente mille
jours*. Son œuvre monumentale, *Ceux de 14*, ne figure
plus que dans deux manuels sur dix... En contrepartie,
les manuels de français s'ouvrent à la société des médias.
La belle affaire ! Dans le livre de français de 5ᵉ, l'éditeur
Magnard reproduit des dessins humoristiques à
commenter. Le premier concerne les banlieues. Il est
tiré du *Canard enchaîné*. Signé Cardon, on y voit un
homme en costume, dessiné de dos. Il porte un dossier
sous le bras et explique : « J'aime beaucoup la banlieue,
j'en ai d'ailleurs vu des photos. » Juste en dessous, un
dessin de Willem tiré de *Libération* montre le pape Jean-
Paul II recroquevillé, tremblotant, gâteux, yeux fermés...
La foule éberluée l'observe, littéralement hypnotisée,
tandis que deux énormes prélats se bidonnent en regardant la grosse clé dans le dos du pape, façon jouet mécanique. Montrant la clé, un des ecclésiastiques lance à
l'autre : « Il n'y a pas de miracle. » Un peu plus loin, un
dessin de Cabu, tiré encore du *Canard enchaîné*, montre
le président George Bush dans un hélicoptère survolant
les populations sinistrées par l'ouragan en Louisiane.
On y voit des Noirs sur des décombres lançant des signes
de détresse au président américain. Commentaire de
Bush : « De quoi ils se plaignent ? ils sont en thalasso. »
Une page entière de questions est associée à chacun de

119

ces dessins pour faire réfléchir les enfants. Pour le dessin de Bush, on peut lire :

« Question 17 : D'après vous, pourquoi le personnage qui parle évoque-t-il la "thalasso" (thalassothérapie : traitement des maladies par les bains d'eau de mer) ?

Question 18 : Les habitants de la Louisiane n'ont-ils vraiment aucune raison de se plaindre ? Sont-ils réellement en thalasso ? Justifiez vos réponses. »

Voici le contenu d'un cours de français comme un autre. C'est le monde tel qu'il est présenté chaque jour à des centaines de milliers d'enfants de 5e.

5

L'argent, terreur de la droite

« La droite a touché le fond de la
piscine : maintenant, elle creuse. »

André Santini.

« Ce ne sont pas les usines qui puent, ce sont les
ouvriers ! » faisait dire le dessinateur Cabu à un affreux
réac dans *La France des beaufs*. Cela fait si longtemps que
dans les représentations collectives, la droite est l'amie
des riches et l'ennemie des pauvres. Amie des riches ?
Pas tant que ça. Craintive, gênée aux entournures dans
le costard amidonné que la gauche lui a taillé voici
soixante ans, la droite française n'est guère décomplexée sur les questions d'argent. Le ministre britannique des Affaires européennes, Denis MacShane, lançait
récemment : « Je n'ai pas l'impression de trahir mon
pays en portant des cravates Hermès. » Chez nous, pareil
commentaire susciterait sans doute des débats exaltés.

Beaucoup l'ignorent, mais les Français, peut-être plus
encore que les Anglo-Saxons, sont les inventeurs de la
pensée libérale. Au cours des siècles et jusqu'à aujour-
d'hui, ils ont directement contribué à poser les jalons de
l'économie de marché et du capitalisme. Grâce à des

121

philosophes et des penseurs comme Montesquieu, Alexis de Tocqueville, Benjamin Constant, Bertrand de Jouvenel, Émile Faguet, Raymond Aron, Jean-François Revel... Grâce à des économistes comme François Quesnay, Jean-Baptiste Say, Frédéric Le Play, Frédéric Bastiat, Gustave de Molinari, Vincent de Gournay, Jacques Rueff et aujourd'hui Pascal Salin. Il est vrai que pour découvrir la contribution de ces intellectuels, il est préférable d'étudier l'économie dans un pays anglo-saxon, au Japon ou en Asie. Si les étudiants du monde entier apprennent ces auteurs français essentiels à leurs yeux, la France, dont la pensée économique est marquée au fer du keynésianisme depuis tant de décennies, ignore tout ou presque de ces penseurs que nos plaques de rues et nos manuels universitaires célèbrent si rarement. Les prix Nobel français de sciences économiques se font rares, et cette modestie n'est sans doute pas sans rapport avec l'imprégnation marxisante qui prévaut dans l'enseignement de l'économie depuis l'après-guerre. Cette modestie est aussi à mettre sur le compte du verdict tranché d'une opinion publique qui considère que l'économie ne peut être objet de science. Soyons honnêtes et reconnaissons aussi que la France de droite ne s'est jamais battue pour replacer l'économie de marché au cœur de son panégyrique. Dans le manuel du parfait gaulliste ou du chiraquien modèle, « libéral » est une épithète vicieuse. Au chapitre des invectives, on lui préfère facho ou réac, c'est moins insultant...

Nous sommes en 1993. Edouard Balladur officie à Matignon. Trois députés de droite (RPR à l'époque) proposent un amendement à la loi quinquennale pour l'emploi de Michel Giraud. Leur idée : établir en France la semaine de 32 heures. Ils en sont certains, cela créerait des emplois. Bien qu'élu RPR, Jean-Michel Fourgous, député et surtout chef d'entreprise, clame son hostilité à l'idée abracadabrantesque. Il reçoit un coup de fil furibard de Jacques Chirac, alors maire de Paris et patron du RPR : « La réduction du temps de travail, c'est à la mode. Alors, Jean-Michel, cette loi, tu vas la voter. Mais tu vas te débrouiller pour la rendre inapplicable avec des amendements qui rendront nul son champ d'application. » Commentaire de Fourgous : « J'ai découvert ainsi la lumière crue de la politique ; serait-ce l'art de l'illusion ? » Car « le problème français, c'est sa droite », ne cesse de clamer Pascal Salin, qui considère qu'elle pèche par ignorance. En langage décodé : elle est d'une nullité crasse et s'en moque. Pour Salin, il lui manque les fondations intellectuelles qui permettraient de comprendre les problèmes de l'époque, et l'instinct philosophique minimum qui lui permettrait de réagir dans la bonne direction : « La droite française est conservatrice, nationaliste, étatiste. Elle n'est nullement attachée à la liberté individuelle et elle ne comprend pas qu'une société paisible et prospère repose sur la coopération sociale volontaire que des hommes libres mettent nécessairement en place. »

Les choses ont-elles changé au soir du 6 mai 2007 ? « Le sarkozysme, une doctrine économique non identifiée », titre *Le Monde* Économie du 3 juillet 2007, expliquant qu'économistes et dirigeants d'entreprise « sont perplexes tant les annonces d'inspiration libérale cohabitent avec la volonté d'intervenir avec tous les moyens qu'offre la puissance publique ». Nicolas Sarkozy, dont certains observateurs ont voulu faire le Blair français, rompra-t-il avec la tradition d'une droite pas vraiment dans la libérale attitude ? Peut-être, mais ce sera soft : « N'oubliez pas que Madelin n'a jamais dépassé les 4 % de suffrages, décode le député UMP – plutôt libéral – Hervé Novelli. Cela explique pourquoi Nicolas Sarkozy a dû prendre en compte cette réalité et n'a jamais qualifié son projet de libéral. Pour autant, son projet comprend en filigrane les principes les plus importants du libéralisme. » Pour Sophie de Menthon, présidente de l'organisation patronale Ethic, le sarkozysme, bien au contraire, n'est pas soluble dans le libéralisme : « Le caractère interventionniste et pour tout dire directif de l'homme l'empêche de prendre son inspiration dans le laisser-faire d'Adam Smith comme de respecter l'autonomie de la Banque centrale européenne. Pour lui, l'État fort est un État qui intervient, qui légifère à tout-va, sans craindre que trop de lois ne tue la loi. Après l'État patron, l'État papa, voici l'État nounou... » François Lenglet, d'*Enjeux Les Échos,* estime lui aussi que « ceux qui attendent un président libéral pourraient en être pour leurs frais : l'humeur française n'est pas au libéralisme ».

« Sarkozy est-il un gaulliste génétiquement modifié ? » s'interroge Massimo Nava dans le quotidien centriste *Corriere della Sera* du 7 mai 2007. « Pour le pays détenteur du record mondial des vacances et du record européen des chômeurs, c'est une révolution qui s'annonce », prophétise-t-il. Alors, moderne ou ancien ? Libéral ou keynésien ? « Blairiste de droite ! » lancent quelques éditorialistes étrangers au lendemain du 6 mai. « Non, estime Christian Dufour, chercheur à l'Institut de recherches économiques et sociales (Ires), tout sépare Blair de Sarkozy. Malgré sa volonté de dialogue, ce dernier reste favorable à l'interventionnisme à la française, alors que le gouvernement travailliste s'est progressivement effacé des discussions sociales. » Il est vrai qu'en 2005, en pleine campagne électorale, Tony Blair avait affirmé ne rien pouvoir faire contre la fermeture de Rover et le licenciement de 5 500 salariés. Cela ne l'a pas empêché d'être réélu. Difficilement concevable en France. À en croire le magazine *Capital* de juin 2007, la présidente du Medef, Laurence Parisot, n'est pas loin de partager cette vision. Elle confesserait à ses proches en privé : « C'est un conservateur et un réactionnaire. Il est dangereux. » Une vieille rancœur. Mme Parisot n'a pas digéré le Sarkozy va-t-en-guerre. Celui qui, en pleine campagne, brûlait de légiférer sur les golden parachutes. Autant le dire, la présidente du Medef n'a pas supporté la tentative d'ingérence d'un candidat réformateur, s'autorisant une incartade sur la vie privée interne de l'entreprise qu'aucun dirigeant, ni de droite ni de gauche, n'avait osée jusque-là : « Je suis opposée à ce que le gouvernement légifère pour encadrer les rémunérations des dirigeants d'entreprise, a insisté Laurence Parisot. Personne d'autre que le conseil d'administration ou l'assemblée générale n'est capable d'évaluer si une indemnité de départ est décente et légitime au regard du travail accompli. Ni moi ni les candidats ! Quant à légiférer ou interdire, ce serait catastrophique pour l'attractivité de la France ou sa capacité à conserver ses grands talents. »

Volonté politique réelle ou argutie d'un candidat en campagne ? Un journaliste de LCI rapporte cependant que, lors d'une réunion confidentielle au printemps 2007 avec quelques confrères en charge des pages économiques, Nicolas Sarkozy a lancé à l'assemblée : « Ne dites jamais que je suis libéral. Je pense au contraire que le marché tue l'homme. » Le candidat qui aime à citer Blum et Jaurès sans parcimonie n'est certes pas de gauche. Pourtant, lorsqu'il se risque à prononcer le nom de théoriciens plutôt classés à droite, c'est en des termes moins exaltés. Ainsi en 2004 : « Quand je dois prendre une décision à Bercy, je ne regarde pas les écrits de Ricardo ou de Smith, je fais ce que je crois être bon. »

Dans *La Repubblica,* on craint le colbertisme du président français. Il est vrai qu'il y a un peu de cet infatigable bâtisseur dans le Sarkozy de 2007 qui lance cette étonnante diatribe contre le capitalisme financier :

« Je ne crois pas à la survie d'un capitalisme sans morale et sans éthique, où ceux qui échouent gagnent davantage que ceux qui réussissent, où les profiteurs et les tricheurs s'en tirent toujours. Je ne crois pas à la survie d'un capitalisme où les stock-options sont réservées à quelques-uns, où tous les profits sont accaparés par un tout petit nombre de gens, où restent impunis les patrons voyous. » Quelques jours plus tard, plus participatif encore, le président enfonce le clou : « On ne peut pas se partager des stock-options à dix dans une entreprise de plusieurs milliers de personnes, parce que chaque collaborateur participe à la création de valeur de l'entreprise. » On pensait la droite française blairisée, convertie au non-interventionnisme. Nenni. À peine aux affaires, elle entreprend de moraliser la gouvernance des entreprises. Dans le gouvernement Fillon 1, Jean-Louis Borloo parle de « limiter les rémunérations excessives » des patrons du CAC 40. Le député UMP de Hauts-de-Seine, Jacques Kossowski, auteur d'un rapport sur la gouvernance des entreprises (et par extension sur les appétits gargantuesques de certains grands patrons). exige, « au nom de la cohésion nationale, que l'on mette fin à des pratiques qui sont légitimement perçues comme des enrichissements sans causes ». Preuve de sa volonté interventionniste, à peine élu, le président s'est rendu au chevet d'EADS malade, rencontrant même la chancelière allemande, Angela Merkel, dans le but d'abandonner le copilotage du consortium et de préparer le partage des postes, avec un P-DG français d'EADS et un P-DG allemand d'Airbus. La droite reliftée par Sarkozy emprunte-t-elle la voie de l'économie administrée ? Le journal britannique *The Guardian* en est certain : « Imaginez un pays où de longues pauses déjeuner, où des semaines de travail très courtes, où des grandes vacances les plus longues du monde sont un droit... Changer cela est impossible : Nicolas Sarkozy et la

France, c'est une idylle qui ne peut pas durer. » L'excellent Éric Le Boucher, journaliste économique au *Monde*, redoute que l'atavisme français ne triomphe de la volonté réformatrice unanime : « Ce ne sera pas facile de surmonter nos exceptions gauloises, ces fers aux pieds que nous portons comme des trophées, mais il ne faudra pas non plus en tirer une trop grande gloire. La France, lorsqu'elle aura abaissé son taux de chômage de 8,6 % à 5 %, n'aura fait que rejoindre la moyenne de l'OCDE et restera au-dessus de dizaines de pays développés dont le Royaume-Uni, la Nouvelle-Zélande, les États-Unis ou le Japon. Au-delà du chômage et des réformes internes, le président Sarkozy doit faire entrer le pays dans un monde globalisé où les enjeux ont méchamment changé de nature. » Une adresse qui frôle la mise en garde, lorsque celui qui est peut-être le seul journaliste du *Monde* ouvert à l'idée libérale conclut à l'endroit de la nouvelle équipe : « La France s'insère dans ce grand monde de l'économie globalisée sans pitié. L'enjeu n'est pas seulement d'augmenter les heures supplémentaires ou de faciliter les emplois de service. »

Yves de Kerdrel du *Figaro* s'inquiète quant à lui de la volonté régulatrice du nouveau pouvoir en matière immobilière. « Ma république, c'est celle où chacun pourra accéder à la propriété de son logement », avait annoncé Nicolas Sarkozy. Kerdrel s'interroge : « Il faudra bien dire comment on s'y prend pour donner un logement à ceux qui n'en ont pas sans utiliser des absurdités comme les réquisitions ou l'encadrement des prix des loyers. » Au contraire, une vraie politique de droite ne consisterait-elle pas à faire des Français de vrais propriétaires et non de simples débiteurs de leurs banques sur cinquante ans ? « Il conviendrait, explique l'éditorialiste du *Figaro*, de cesser de considérer les propriétaires comme des poules aux œufs d'or que l'on peut faire pondre à volonté, parce qu'ils habitent leur logement, parce qu'ils le détiennent, parce qu'ils l'entretiennent, ou parce qu'ils le transmettent. S'il y a un droit au logement, il doit être total ou ne pas exister. C'est une chose de souhaiter une France de propriétaires, ce serait mieux si l'on adaptait la fiscalité à ce dessein. » Mais alors, quel est le code génétique de la droite à laquelle appartient Nicolas Sarkozy ? Pour trancher cette question de la volonté libérale du président, concédons qu'il existe deux Nicolas Sarkozy.

Le libéral qui commande, quelques mois après son élection, un rapport calqué sur le modèle Rueff-Armand de 1958 réclamé par De Gaulle. Un discret message à l'intention de la frange libérale de l'UMP, car cette commission a pour mission de recenser les obstacles à l'expansion de la France et de réduire les rigidités affectant l'économie... Un mythe pour les économistes libéraux. Libéral aussi, le Sarkozy qui déclare : « Ils disent : faisons payer le capital ! Mais si le capital paye trop, il s'en ira. » Libéral encore, celui qui affirme : « Je veux que 95 % des successions soient exonérées de droits. » Vous souvenez-vous de la passe d'armes Royal-Sarkozy sur les droits de succession, lors du face-à-face télévisé de l'entre-deux-tours ? Léone Meyer, héritière des Galeries Lafayette, n'a certainement pas oublié. À 68 ans, cette femme avait su rester discrète. Mais lorsque la candidate socialiste s'en prit à « cette riche héritière », Mme Meyer accéda brutalement à la notoriété, en direct, devant 20 millions de téléspectateurs. Ségolène Royal dénonça « le chèque de 7 millions d'euros » qui lui avait été rétrocédé par le fisc au titre du bouclier fiscal limitant les impôts à 60 % des revenus d'un contribuable. La petite-fille du fondateur des Galeries venait de vendre ses actions dans l'entreprise familiale pour 900 millions d'euros. « Ce que je propose est pire, ironisa alors

Nicolas Sarkozy : nul en France ne doit se voir prélever plus de la moitié de ce qu'il a gagné. »

On l'a vu, la très populaire suppression des droits de succession a été applaudie en France mais refusée dans son principe par les conservateurs américains, Warren Buffett en tête, au motif qu'elle favoriserait les « héritiers » aux dépens des « entrepreneurs ». L'économiste Thomas Philippon s'étonne du succès de cette mesure : « Il devrait être aussi facile pour un entrepreneur de transmettre son entreprise à sa fille ou son fils spirituel (cadre de l'entreprise, repreneur externe) qu'à sa fille ou son fils naturel. Or ce n'est pas le cas aujourd'hui, et les managers héritiers sont plus nombreux en France que dans la plupart des autres pays riches, bien que leurs performances soient en moyenne moins bonnes que celles des gestionnaires promus uniquement sur la base de leurs compétences. La taxation de l'héritage peut donc favoriser le dynamisme économique. » Raymond Aron, d'ailleurs, dans *Dix-Huit leçons sur la société industrielle,* avait écrit en 1962 : « L'inégalité à supprimer n'est pas tant l'inégalité des revenus que l'inégalité du point de départ. »

Et il y a l'autre Sarkozy. Celui qui lance à Bernard Thibault, secrétaire général de la CGT : « C'est du délit de sale gueule ! » lorsque le syndicaliste lui exprime ses craintes de voir la présidence privilégier les thèses du Medef. Celui qui annonce une « pause » dans le désendettement de l'État, quitte à fâcher Bruxelles. Celui qui veut « développer une politique industrielle » (discours du Bourget) ou « lancer des programmes d'infrastructures » (discours de Roissy). On pourrait même parler d'un Sarkozy protectionniste, avec la suppression de la référence « la concurrence libre et non faussée » dans le mini-traité européen... Pour Antoine Reverchon, du *Monde,* « à l'inverse de Ronald Reagan et de Margaret

Thatcher, qui ont dérégulé l'État providence pour donner libre cours aux forces du marché, de Georges Pompidou, qui voulait mettre l'État national au cœur des dynamiques industrielles et financières, ou de Tony Blair et de Gerhard Schröder, qui ont mêlé de façon pragmatique mécanismes de marché et haut niveau de protection sociale, Nicolas Sarkozy ne cherche pas à afficher une "vision" de ce qui devrait être une politique économique ». Brouillon et sans vrai projet, c'est aussi l'opinion de Philippe Aghion, professeur d'économie à Harvard et proche des socialistes : « Les allégements de charges sont une manière déguisée de sortir des 35 heures... tout en maintenant la référence aux 35 heures. » « Éclectisme et incohérence sont le résultat du désarroi de l'analyse économique », tranche Franck Van de Velde, membre de l'association pour le développement des études keynésiennes.

Depuis 1945, par capillarité, la droite française, jadis familière des mécanismes de marché, s'est laissée contaminer par une gauche toute-puissante, normative, moralisatrice, collectiviste, étatiste. Qu'on le veuille ou non, en trois vagues successives, cette gauche, pas vraiment sociale-démocrate, a éradiqué du paysage intellectuel français tout ce qui n'était pas compatible avec sa vision du monde. La première strate, communiste, a commencé à agir dès la Libération, réécrivant peu à peu les livres d'histoire, les manuels d'économie, nationalisant, s'emparant de l'université, de l'édition, d'EDF nouvellement créée, des rédactions, des écoles de journalisme, d'une partie de la télévision, des services publics, de Billancourt, de Saint-Germain-des-Prés, des premières maisons de la culture, du théâtre, du cinéma, de l'école maternelle. La seconde couche, trotskiste, s'est emparée du pouvoir après 1968, pour près de trente années. Progressivement, dans la culture du secret, selon des stratégies patiemment enseignées à ses ouailles, elle a repris les places fortes tenues jadis par des communistes devenus naïfs, pour opérer un lifting idéologique. Plus bourgeoise, la vague des anciens maos, des PCI, PC-MLF, LO, LCR a installé ses quadras dans toute la société, y compris dans l'entreprise privée, avec un succès remarquable. Le point d'orgue de cette domination aura été sans doute la nomination d'Edwy Plenel à la direction du journal *Le Monde*. Cet ancien trotskiste signait Krasny dans la revue *Rouge* à ses débuts. Autre succès d'estime, la nomination de l'ancien militant trotskiste-lambertiste Lionel Jospin à la fonction de Premier ministre de la République française en 1997. La troisième couche est la plus insidieuse mais non pas la moins efficace : l'imprégnation altermondialiste qui affecte tous les rouages de la société française. Les admonestations de ces gauches moralisatrices ont bien entendu modifié avec vigueur notre regard sur l'argent. Le refus du marché est la conséquence directe de l'installation de ces idées dans la société française d'après 1945 et dans le système d'enseignement de la République. En 2007, une rapide analyse psychosociologique nous démontre qu'en orientant, en conscience ou pas, les choix des étudiants avec une science éprouvée par des années de militantisme, nos profs ont façonné une jeunesse « commerce équitable » – une version 2007 des avatars décrits ci-avant. Chaque Français a un jour écouté la petite musique. À force de l'entendre, ou plutôt à force de ne pas en entendre d'autre, nos enfants ont sans doute cru qu'il n'en existait qu'une. De Saint-Omer à Mont-de-Marsan, des amphis de province aux chantiers de Saint-Nazaire, des campagnes aux cités chaudes, l'idée s'est installée que l'argent est coupable. L'idée du profit honteux, de l'argent sale a gagné une société française où les représentations collectives de l'homme de droite sont devenues peu ou prou nauséabondes. C'est

131

le syndrome *Jacquou le Croquant*. Au cinéma, dans la littérature, dans les séries télévisées historiques, l'homme de droite apparaît sous les traits d'un personnage conformiste, âpre au gain, cupide, obsédé par son PEL. On est loin d'Audiard, Mauriac ou Nimier... Quant à l'homme de gauche, tout le monde le connaît. Les téléfilms aux scénarios convenus en sont remplis ; il concentre toutes les vertus humaines : humilité, intelligence, clairvoyance, humanité. Même ses colères sont franches. Il comprend les jeunes et s'investit dans l'humanitaire. Il veut bouger « pour faire changer les choses ». Ce sont d'ailleurs toujours les mêmes qui officient dans ce territoire occupé qu'est la fiction télévisée. Le principal gourou de ce dispositif n'est autre que Serge Moati. Ce socialiste bon teint, tantôt écrivain, tantôt réalisateur, tantôt producteur, tantôt animateur d'émissions télévisées politiques sur le service public, truste tout ou presque dans le groupe présidé par Patrick de Carolis. Il prépare un téléfilm sur Mitterrand à Vichy. Il tourne aussi en juillet 2007, une fiction coproduite par France 3 et Arte, une adaptation de sa propre jeunesse en Tunisie, inspirée de son roman *Villa Jasmin*.

Notre imaginaire collectif est jalonné d'images représentant des riches prêts à toutes les compromissions pour une affaire juteuse. Jadis, on n'hésitait pas à représenter l'homme de droite en ancien collabo (même s'il est avéré aujourd'hui qu'un collaborateur sur deux, encarté dans un parti comme le PPF entre 1940 et 1944, avait été, avant-guerre, membre d'un mouvement de gauche : SFIO ou PCF). Qu'a fait la droite face à cette bataille menée en conscience par des élites souvent assujetties au dogme marxiste ? Face à l'adversité, cette droite « mal à droite » a abandonné la lutte, acceptant de voir sa légitimité cantonnée au supplément économique du *Figaro*... À la droite l'argent et l'ordre, c'est-à-dire le fric et les flics, et à la gauche le reste du monde. Navrante capitulation. Conserver cette ligne de partage, c'est entretenir l'archaïsme français, c'est renoncer. Certains à droite, voyant leur territoire de parole réduit à peu, ont même choisi d'être de gauche ! Jusqu'à l'élection de Nicolas Sarkozy du moins. Car, très conscient de cette injustice faite à la droite, Sarkozy a décidé de situer sa démarche dans le sillage du célèbre stratège communiste italien Antonio Gramsci. *Pour un gramscisme de droite,* avait écrit dans les années quatre-vingt Alain de Benoist, le penseur de la nouvelle droite. Sarkozy affirmait, peu avant l'élection : « J'ai fait mienne l'analyse de Gramsci : le pouvoir se gagne par les idées. C'est la première fois qu'un homme de droite assume cette bataille-là. En 2002, quinze jours après mon arrivée au ministère de l'Intérieur, une certaine presse a commencé à m'attaquer sur le thème : Sarkozy fait la guerre aux pauvres. Je me suis dit : soit je cède et je ne pourrai plus rien faire, soit j'engage la bataille idéologique, en démontrant que la sécurité est avant tout au service des plus pauvres. Depuis 2002, j'ai donc engagé un combat pour la maîtrise du débat d'idées. Tous les soirs, je parle de l'école, en dénonçant l'héritage de 68. Je dénonce le relativisme intellectuel, culturel, moral... Et la violence de la gauche à mon endroit vient du fait qu'elle a compris de quoi il s'agissait. »

L'histoire retiendra que Jacques Chirac, sympathique roi fainéant (que la presse anglo-saxonne a baptisé récemment « dirigeant de droite le plus à gauche du monde »), n'a pas œuvré dans ce sens... Hypothèse que ne renie pas Pascal Salin : « Longtemps j'ai cru qu'on pouvait appliquer à Jacques Chirac ce que l'on a dit à une époque d'un président américain, à savoir qu'il n'avait jamais trahi ses convictions, pour la simple raison qu'il n'en avait pas. Mais la situation est en réalité bien plus grave, car Jacques Chirac a des convictions, mais elles consistent systématiquement à exprimer des opinions de gauche. Toujours prêt à critiquer le capitalisme, la spéculation, la recherche du profit, prêt à accroître les interventions étatiques, Jacques Chirac ne rate pas une occasion de défendre les idées de la gauche traditionnelle, car tel est le consensus idéologique de la classe politique française, des médias et des enseignants. » On se souvient, entre autres rodomontades gauchisantes de Chirac, du fameux : « On fait de l'argent sur le dos des gens et après on fiche tout le monde dehors. La dictature de la rentabilité financière, ça suffit. » Vingt ans avant que Chirac ne prononce cette phrase, et tant d'autres qui résonnent comme autant de reniements, conservateurs américains et britanniques avaient déjà engagé une bataille des idées assez proche de celle que semble vouloir livrer le président Sarkozy. Peggy Noonan, conseillère de Reagan, ne confiait-elle pas : « Les gens me demandent toujours comment une femme de ma génération a pu devenir conservatrice. C'est difficile pour moi de dire quand ma rébellion a commencé » ?

Progressivement, à contresens du reste du monde, les Français de droite ont consciemment ou inconsciemment souscrit à cette idée que l'Église leur avait déjà rendue familière : on ne doit pas parler d'argent, au risque d'être vulgaire. Une suspicion que l'on retrouve au cœur de l'identité gaulliste. Fortement marqué par l'esprit antiéconomique, le général de Gaulle affirma lui-même, à la fin de sa vie : « Mon seul adversaire, celui de la France, n'a aucunement cessé d'être l'argent. » De Gaulle qui, dès son discours de Lille du 1er octobre 1944, rompait avec les corporations chères à Vichy, confiant sans ambiguïté à l'État la mission d'orchestrer la reconstruction de l'économie française. Maurice Thorez n'aurait pas renié cette phrase du Général : « Nous voulons donc la mise en valeur en commun de tout ce que nous possédons sur cette terre et, pour y réussir, il n'y a pas d'autre moyen que ce que l'on appelle l'économie dirigée. Au point où nous en sommes, il n'est plus possible d'admettre ces concentrations d'intérêts qu'on appelle, dans l'univers, les trusts. Il faut que la collectivité, c'est-à-dire l'État, prenne la direction des grandes sources de la richesse commune et qu'il contrôle certaines des autres activités. » Au regard de cette approche, la vision de l'illustre conseiller économique de De Gaulle, Jacques Rueff, ce libéral perdu chez les planistes, semble si lucide et si rare : « Que chacun s'interroge ici, lança-t-il un jour, et qu'il dise, en conscience, si l'efficacité de la planification est concevable sans camps de concentration et sans Gestapo. »

Le contexte historique était certes particulier, et l'on sait, pour expliquer la vigueur du réflexe dirigiste, que centraliser l'économie est la réponse optimale à des circonstances extrêmes. La démarche de Jean Monnet, le futur père de l'Europe, est limpide. Commissaire au Plan de décembre 1945 à 1952, il constate que l'économie de guerre était planifiée et qu'il est donc naturel que l'économie de la reconstruction le soit aussi. Mais il n'entend pas adopter la philosophie de la planification à la soviétique et la transposer avec son corpus de méthodes autoritaires. Son but est d'insuffler du dynamisme. Il était d'ailleurs prévu que le dirigisme économique disparaisse une fois le pays revenu « à la frontière », c'est-à-dire en mesure de faire concurrence à l'économie américaine. Or, une fois sur les rails, s'est opéré ce qui n'aurait jamais dû avoir lieu, les politiques ont pris goût à ce dispositif d'urgence : la solution provisoire appliquée au problème économique de la reconstruction de la France devint... plus pérenne.

Pour Daniel Cohen, membre du Conseil d'analyse économique et professeur à l'École normale supérieure : « C'est depuis cette époque qu'être riche est un tabou en France. Et ce n'est pas le style Sarkozy et sa balade sur le yacht *Paloma* de Vincent Bolloré, au lendemain de son élection, qui pourra changer les mentalités. Il faudra du temps, beaucoup de temps. »

Voici venue l'heure de nuancer les espérances des Français dans l'ère nouvelle qui s'ouvre. Quels que soient la volonté réformatrice et le talent des femmes et des hommes en place, il serait dangereux de sous-estimer la force d'inertie quasi atavique du peuple français. En clair, la volonté réformatrice de Sarkozy, sa sincérité, auront fort à faire avec nos croyances enracinées. Et il sera tentant pour les hommes nouveaux de donner dans le confortable ni-ni gaulois : ni l'État pouponnière ni le laisser-faire des économistes libéraux. Un ni-ni où finalement gauche et droite se retrouvent depuis si longtemps. Souvenons-nous de Lionel Jospin ratiocinant : « Oui à l'économie de marché, non à la société de marché ! » Cette petite phrase aurait pu être prononcée par n'importe quel leader politique de droite. Car au fond, pourquoi sortir de ces rails confortables ? D'autres s'y sont essayés, sans succès. En ces temps où la critique du chiraquisme se porte bien, remettons-nous en mémoire l'élection de Jacques Chirac à la présidence de la République en 1995. On ne parlait que de la volonté chiraquienne de libérer les Français de ce nursing étatique obsédant. C'est l'époque où le très libéral Alain Madelin avait rallié la candidature gaulliste... Madelin, symbole suprême, qui fut immédiatement nommé ministre des Finances. Jacques Chirac lui-même a dû oublier cette parenthèse libérale enchâssée dans des décennies d'étatisme. Il avait pourtant déclaré, au départ de cette aventure : « Le problème majeur du libéralisme en France est de n'avoir jamais été vraiment mis en œuvre. À nous de prouver que le libéralisme, ça marche en France. » Oui, en 1995, la France fut libérale. Davantage que le gouvernement Fillon 2 ! « Mais il y a quelque chose de fascinant et de tragique dans la constance avec laquelle la droite, lorsqu'elle vient au pouvoir, gaspille ses propres chances et, surtout, détruit les espoirs légitimes de ceux qui avaient voté pour elle, observe Pascal Salin. 1986, 1993, 1995, 2002, que d'occasions perdues ! Chaque fois les électeurs ont manifesté leur rejet du socialisme et leur volonté de réforme, chaque fois le Parlement et le gouvernement n'ont pratiquement rien su faire d'autre que de gérer le socialisme, tout en réalisant de très timides réformes. » En 1995, le vent de liberté ne souffla pas bien longtemps.

Juste après les législatives de juin 2007, Laurent Wauquiez, le jeune député UMP de la Haute-Loire, donne une interview à France Info. Il évoque l'émotion que lui procure l'hémicycle, ce prestigieux lieu de pouvoir. L'endroit le touche. Il lui rappelle ceux qui lui ont donné envie d'entrer en politique : Mendès France, Jules Ferry, Léon Blum et Clemenceau – quatre références magnifiques... mais de gauche.

Longtemps la droite, vide de sens, s'est construite sur sa gauche, par démagogie, par facilité ou par ignorance. Car le panthéon de la droite a été patiemment expurgé de l'enseignement par soixante ans de dogmatisme. Durant sa campagne, le candidat Sarkozy cita lui aussi Jean Jaurès, Léon Blum, Jules Ferry et Pierre Mendès France... Qui pouvait-il citer d'autre ? Les Français ne l'auraient pas entendu. L'école de la République n'enseigne plus les gens libres : Montherlant ? Inconnu. Mauriac ? Plus étudié. Ne parlons pas d'Aron, Barrès, Morand, Déon, Péguy, Genevoix, Tocqueville. Encore moins de ceux qui aujourd'hui secouent le cocotier de tous les conformismes, comme Nicolas Baverez. La gauche nous a appris que Louis XIV ne se lavait pas – ce qui est faux –, que Napoléon Ier était un dictateur et Napoléon III un abruti. Difficile de se construire un univers...

Mais les lignes bougent. La nomination de l'opiniâtre maire socialiste de Mulhouse, Jean-Marie Bockel, au ministère de la Coopération et de la Francophonie du gouvernement Fillon 2, en témoigne. L'opposition droite-gauche perd du sens au profit du clivage libéraux-conservateurs. Dans cette nouvelle bataille d'*Hernani*, le sacre des libéraux n'est pas pour demain. Car, ne l'oublions pas, le tabou français est là, tapi... Tant que les gens de droite citeront Blum, Mendès et Jaurès, la situation ne changera pas. Si l'on désire que les modernes l'emportent enfin, commençons par faire étudier à nos enfants Constant, Say et Le Play.

En économie, c'est la même chanson. Considérons les sujets polémiques que sont les salaires des patrons ou les plans sociaux : les ténors de la droite crient souvent plus fort que Besancenot. Les patrons voyous ? L'expression est de Nicolas Sarkozy. La suppression des stock-options ? C'est une idée qui circule dans les rangs de l'UMP. L'ISF ? En 2007, Nicolas Sarkozy a expliqué combien il tenait à cet impôt de solidarité sur la fortune. Pas question de supprimer un tel symbole ! Pas plus que les autres, Sarkozy n'a osé rappeler que c'est un impôt nuisible, frappant surtout le patrimoine immobilier, poussant des entrepreneurs à quitter le pays, et rapportant peu d'argent – autour de 4 milliards d'euros en 2007 –, à peine le cinquième de la taxe sur les produits pétroliers. « Malheureusement, soupire Geoffroy Roux de Bézieux, ce qui caractérise tous les gouvernements de droite, aujourd'hui comme hier, par rapport aux gouvernements de gauche, ce n'est pas une différence fondamentale dans les conceptions, mais des différences de degré : on ne cherche pas des solutions individuelles pour remplacer les solutions collectives, on ne souhaite pas changer fondamentalement la nature de l'État et son rôle, mais seulement en alléger quelque peu le poids, ou, tout au moins, se garder un tout petit peu de l'augmenter trop rapidement et s'efforcer de le gérer un peu mieux. »

En lorgnant vers nos voisins, de l'Irlande à l'Espagne, du Royaume-Uni à l'Allemagne, de la Suisse aux Pays-Bas, on se prend à rêver à ce que serait la France de 2007 si les hommes de droite n'avaient pas régulièrement pris des libertés avec les mandats que les électeurs leur avaient confiés. Car à pratiquer le ni-ni, à mélanger prudemment les deux visions du monde, nous avons récolté le pire des deux systèmes : ni libérale ni sociale, la France est schizophrène !

6

Dieu aime-t-il les riches ?

> « Il est plus aisé pour un chameau de passer par le trou d'une aiguille que pour un riche d'entrer dans le royaume de Dieu. »
>
> Évangile selon saint Matthieu.

Des produits bancaires différents pour un client musulman et un client chrétien ? En juillet 2007, Le Crédit suisse annonce l'ouverture d'un portefeuille boursier labellisé « chrétien ». Confrontée à une vague morale et religieuse sans précédent dans notre ère moderne, la finance internationale avait entrepris dès 2004 de séduire la clientèle musulmane en inventant des produits bancaires et des fonds « charia compatibles ». Le fonds Al Buraq, constitué d'actions jugées conformes à la loi islamique, a déjà récolté 45 milliards de dollars dans le monde. Initialement conçu pour capter les pétrodollars des investisseurs des monarchies du Golfe, ce produit boursier commence à se diffuser auprès des particuliers. Du Crédit suisse à la Société générale, nombreux sont les établissements bancaires qui ont construit une offre « religieuse ». En France, toutes les grandes banques ont créé leur département « finance islamique ». Même s'il paraît incongru au pays de la laïcité d'accoler les mots banque et islamique... C'est d'ailleurs Londres qui semble la mieux placée pour devenir la première place financière islamique. Pourquoi aura-t-il fallu attendre le XXIᵉ siècle pour voir officiellement l'institution bancaire s'accommoder de Dieu ?

Pourquoi l'argent fait-il, depuis la plus haute Antiquité, l'objet de dénonciations par des autorités morales et religieuses ? Pourquoi l'évocation des revenus ou des patrimoines individuels reste-t-elle embarrassante dans notre pays marqué par le christianisme ? Soupçonneuses, les autorités catholiques n'aiment pas l'argent. D'ailleurs, les Évangiles ne se gênent pas qui multiplient les admonestations en direction de ceux qui seraient tentés de thésauriser. La Vierge annonce que les riches seront « renvoyés les mains vides » (Luc 1, 53). Selon saint Matthieu, Jésus, dans une métaphore devenue célèbre, annonce qu'il sera plus difficile pour eux d'entrer au royaume des cieux qu'à un « chameau de passer par le trou d'une aiguille ». L'évangile selon saint Matthieu nous dit aussi : « Nul ne peut servir deux maîtres : ou bien il haïra l'un et aimera l'autre, ou bien il s'attachera à l'un et ne tiendra aucun compte de l'autre. Vous ne pouvez servir Dieu et l'argent. » La position profonde et essentielle de la religion catholique est résumée dans cet Évangile : « Vous ne pouvez servir Dieu et Mammon », nom qu'utilise Luc pour l'argent (16, 13). Ajoutons aussi le célèbre « Qui aime l'argent n'est jamais rassasié d'argent », revendiqué dans la Bible par le livre de l'Ecclésiaste (5, 9)... Sale temps pour les patrons du CAC 40.

Pourtant, avant les mises en garde catholiques, les choses avaient plutôt bien commencé pour les tenants du libéralisme. La Grèce antique trouvait même les riches fréquentables. Dans *La Politique*, le grand Aristote refusait de condamner l'argent, conséquence logique selon lui de la propension des humains à l'échange. À la condition qu'il ne devienne pas une fin mais simple-

142

ment le moyen de satisfaire des besoins « naturels ». Pour Aristote en revanche, la chrématistique, dont l'objet est l'accumulation de l'argent, représente une activité « contre nature » : elle vise une richesse qui n'est plus issue des « fruits de la terre et des animaux » mais de l'échange mercantile. La mauvaise chrématistique ne saurait connaître aucune justification et Aristote condamne dans le même mouvement l'ensemble des « sources et méthodes d'échange destinées à procurer le maximum de profit ». Parmi ces pratiques, celle du prêt à intérêt est la plus détestable : il est totalement contre nature d'obtenir un gain de la monnaie elle-même, alors que la monnaie a été « inventée en vue de l'échange ». Aristote est soft. Presque blairiste. Disons « business friendly ».

Le christianisme va jeter un regard plus sévère sur l'argent. Il appuie sa condamnation en faisant valoir le double malheur qui frappe celui qui aime l'argent d'un amour excessif. Malheur pour lui-même : son avarice le destine à la mort éternelle puisqu'en convoitant l'argent comme tel plutôt que l'utilité qu'il procure, il rend sa passion insatiable. Malheur également pour son prochain qui est privé de ses richesses. Tel un boomerang, la vision d'Aristote va toutefois marquer la pensée chrétienne. Thomas d'Aquin, le grand lecteur italien du philosophe grec, s'inspire de la pensée aristotélicienne au XIIIᵉ siècle, quand il distingue l'échange « naturel », celui qui procure les « denrées nécessaires à la vie », de l'échange contre nature qui consiste à « échanger argent contre argent en vue du gain ». Nous atteignons là un palier supplémentaire : le troc oui, le commerce non. La lecture thomiste n'a rien d'anodin : elle va au contraire déterminer le rapport à l'argent de la société française... presque jusqu'à nos jours. C'est ainsi que, dès le haut Moyen Âge, le prêt à intérêt est proscrit. Pour l'Église, tout prêt donnant lieu à une restitution excédant le principal est « usuraire » et donc interdit. Un usurier ne désigne donc pas un prêteur qui pratique des taux excessifs, mais un prêteur tout court !

Très tôt donc, le catholicisme devient la religion des pauvres. Car l'Église romaine apostolique professe l'humilité et culpabilise l'ostentation, le profit, la richesse, plus encore que les autres religions monothéistes. L'aristocratie, les grands bourgeois, les commis de l'État doivent apprendre à gagner de l'argent... sans y toucher. Un exemple : sous Louis XI, alors que la féodalité s'enracine, la Loire sur laquelle naviguent chaque jour des milliers d'embarcations diverses compte plus de cent péages ! Ils sont si nombreux et si « embouteillés » que la navigation s'en trouve perturbée. Mais qu'importe, à ce jeu la France d'en haut excelle. En premier lieu, les grands feudataires du royaume vont créer leurs propres barrières, viendront ensuite les péages domaniaux et provinciaux, les échevins des villes traversées dressent aussi leurs barrages, d'autres barrières sont uniquement dévolues à la gabelle, les congrégations religieuses et les grands ecclésiastiques se laissent convaincre, comme les petits seigneurs riverains de la Loire qui, à leur tour, vont succomber à la tentation...

Aujourd'hui même, en Inde, de nombreux intouchables, soumis à un apartheid religieux toujours vivace, font le choix de se convertir au catholicisme, religion égalitaire qui magnifie le dénuement... En France, on pourrait penser que, l'eau ayant coulé sous les ponts depuis saint Thomas, le débat s'est perdu dans les limbes de l'histoire... Mais non. En ce IIIe millénaire, « la fille aînée de l'Église s'interroge toujours ». Nombre d'intellectuels français se posent la sempiternelle question de l'argent et de la morale. André Comte-Sponville, qui clamait pourtant récemment que « Dieu est socialement

144

mort », s'interrogeait en 2005 dans un ouvrage : *Le capitalisme est-il moral ?* Dès les premières pages, on comprend que le capitalisme n'est ni moral ni immoral, mais amoral... Pas vraiment nouvelle, la lecture de Comte-Sponville emprunte à tous les grands poncifs catholiques français : les entreprises semblent confondre « respect du client » et morale. Or la morale, c'est le respect du prochain, le respect du client est une valeur d'entreprise déontologique mais pas morale. Conclusion du philosophe : « Vouloir faire du capitalisme une morale, ce serait faire du marché une religion, et de l'entreprise une idole. [...] Si le marché devenait une religion, ce serait la pire de toutes, celle du veau d'or. Et la plus ridicule des tyrannies, celle de la richesse. » Petite lueur de modernité cependant : le philosophe humaniste justifie le fait que, quoi qu'il se passe, ce sont toujours les hommes qui sont responsables de leurs actions et de leurs conséquences : on ne peut pas reprocher au marché ou au libéralisme de ne pas être humain, ou même de ne pas se soucier des conditions de vie des humains.

Reste que les riches entrepreneurs et les managers des grosses sociétés, complexés par l'argent qu'ils gagnent, peuvent respirer : la vertu entre dans l'entreprise. La version managériale du retour à la morale porte un nom, la « markéthique », qui réunit le marketing et l'éthique. Un curieux mélange, car la vertu fait rarement gagner de l'argent : si on accomplit une action morale par intérêt, cette action n'a aucune valeur puisque le propre de la morale est le désintéressement. L'argutie de la religion catholique empêcheuse de s'enrichir en rond a été maintes fois servie... Pour le philosophe Philippe d'Iribarne, c'est beaucoup plus subtil. Selon lui, notre drame résulte du fait que nous n'arrivons pas à réconcilier la tradition catholique avec celle de l'aristocratie. L'une prône l'égalité et le partage, l'autre justifie l'inégalité la plus absolue. La France, empêtrée dans ses contradictions, penche toujours entre l'une et l'autre, incapable de considérer les situations intermédiaires. C'est typiquement le système des grandes écoles par opposition aux facultés ! Avec un point commun cependant, la dénégation de l'« argent » dans les deux systèmes de valeur.

Conséquence bien connue de cette éthique catholique de l'argent : la gratification de la pauvreté. Le prêtre répète inlassablement que les efforts accomplis ici-bas seront récompensés dans l'au-delà... Il faut donc demeurer pauvre. Tout au long de l'histoire, un mouvement perpétuel, une « révolution culturelle permanente » entraîne la planète catholique à se réformer pour éviter l'embourgeoisement et pour approcher au plus près le dénuement absolu. Monastères et prieurés clunisiens éclosent. Les ordres mendiants franciscain et dominicain sont érigés au XIIe siècle... Dès le début de l'époque féodale, la société française s'imprègne de ces valeurs. L'aristocratie et la chevalerie méprisent l'argent. Dans *La Société de cour*, le sociologue allemand Norbert Elias revient sur ce consumérisme aristocratique bien français. Il raconte l'histoire suivante : « Le duc de Richelieu remet à son fils une bourse pour que le jeune homme apprenne à dépenser de l'argent en grand seigneur ; comme il rapporte la bourse pleine à son père, celui-ci s'en empare et la jette, sous les yeux de son fils, par la fenêtre. » Consommer avec faste est une contrainte sociale pour les membres de l'aristocratie, limiter ou planifier sa consommation, épargner, voilà la « vertu des petites gens ». Bourgeois et juifs en revanche vont s'adonner aux activités de commerce, ces viles occupations qui frisent la filouterie, le vol et la roublardise... D'ailleurs l'Église les condamne, comme les Italiens qu'on appelle les « Lombards ». Nombre de bourgeois, malgré les oukases de l'Église, vont s'enrichir, prospérant à l'ombre de la couronne, comme Jacques Cœur, qui devint, au début du xvᵉ siècle, le premier grand exportateur de produits français vers l'Égypte et la Palestine : métaux, épices, parfums, soie... Raison d'État et logique religieuse s'entremêlent parfois. Au xviiᵉ, tout importateur de produits manufacturés pris sur le fait est aussitôt « pendu et étranglé ». L'avarice acquiert assez tôt dans le monde chrétien le statut de « péché capital ». Les nombreuses figures d'avares qui hantent l'Enfer de Dante en témoignent. L'avare acquiert dans la représentation collective le statut de personnage repoussoir universel. La plupart des moralistes français du xviiᵉ siècle le ridiculisent : Molière, La Bruyère. Les romanciers du xixᵉ le croquent, à l'image du père Grandet de Balzac.

En 1993, l'historien Alain Plessis publiait un travail universitaire mené sur une correspondance de onze mille lettres échangées à l'intérieur d'une famille de la bourgeoisie saumuroise entre 1860 et 1920. Ces échanges recelaient des détails innombrables sur la vie quotidienne, les maladies et les enfants, mais l'argent n'apparaît jamais. Parler d'argent est vulgaire. La bourgeoisie française veut établir sa respectabilité à partir d'autres critères, comme l'exercice de professions honorables, le respect des règles du savoir-vivre, une éducation artistique et intellectuelle exigeante. L'argent est mis à l'écart, d'autant que le modèle aristocratique qui oppose la morale de l'honneur à l'indignité de l'argent continue de fasciner le monde bourgeois. On pourrait presque dire, en forçant un peu le trait, que celui qui refuse de considérer l'argent comme un marqueur social agit de façon anti-égalitaire. Il perpétue une survivance aristocratique et, à travers elle, des hiérarchies sociales établies : la société d'ordres était construite de telle sorte que les êtres n'étaient pas comparables entre eux. Or l'argent est une échelle de valeur à l'aune de laquelle tout le monde peut se comparer. Selon Michel Aglietta, professeur d'économie à la faculté de Nanterre, « les inégalités quantitatives, essentiellement les différences de "richesse", n'ont de sens et d'importance que dans une société où les individus sont identifiés comme potentiellement égaux et ayant un même statut : fondamentalement, ils sont commensurables ». Pour Georg Simmel, auteur d'une *Philosophie de l'argent* publiée en 1900, la religion rejette l'argent car il propose une lecture du monde concurrente. Il devient un équivalent fonctionnel de l'idée de Dieu dont l'essence, pour le sociologue, est la résolution de la diversité et des contradictions du monde. La crainte du « mammonisme » repose donc sur la peur de l'analogie entre « la plus haute unité économique et la plus haute unité universelle ». D'ailleurs, observe Simmel, « dès lors que diminue le sentiment religieux, l'argent vient prendre tout naturellement la place de Dieu ».

Arrivent les protestants. « Quand il s'agit d'argent, tout le monde est de la même religion », disait Voltaire. Justement, non. Dès le XVI⁰ siècle, les huguenots proposent une nouvelle lecture du monde. L'incompétence et la fainéantise en sont exclues. La valorisation des ressources monétaires, loin d'être proscrite, devient un devoir impératif pour l'homme. L'argent est moral s'il valorise l'œuvre de Dieu. La vision calviniste tranche singulièrement : plus on est riche, plus on est vertueux pourrait être un résumé acceptable. Plus prosaïquement, la richesse ou la réussite financière ne sont plus envisagées avec méfiance mais deviennent au contraire un signe privilégié de l'élection divine. La Réforme protestante va incroyablement contribuer à l'essor du capitalisme en faisant sauter le verrou culturel catholique qui pèse sur l'économie. L'obstacle ôté, le capitalisme déroule sa logique propre hors de tout encadrement religieux. Dans les années 1650, la Hollande devient le laboratoire du capitalisme moderne. Trois siècles auparavant, M. Van den Burse avait donné son nom à la Bourse moderne... Les Hollandais ouvrent des comptoirs, inondent l'Europe de produits nouveaux, s'enrichissent. Karl Marx dira de la Hollande : « C'est la nation capitaliste par excellence. » Les Bataves ont la flotte de commerce la plus importante du monde. Les taux d'intérêt pratiqués dans le pays n'excèdent pas les 4 % quand ils sont de 10 % ailleurs. Selon l'enquête du journaliste Philippe Eliakim de *Capital*, au XVIIe siècle, une famille paysanne hollandaise suffit à en nourrir une autre en ville. En France, il en faut neuf ! La Hollande s'enrichit à tel point qu'en quelques années, l'afflux d'immigrants voit certaines villes multiplier leur population par quatre. Puis vient le tour de l'Angleterre. Elle plonge avec vigueur dans ce monde nouveau. Louis XIV, qui vient de révoquer l'édit de Nantes, lui facilite la tâche. Le protestant français Denis Papin, inventeur de la machine à vapeur, est contraint de traverser la Manche. « Un siècle plus tard, alors que les Français sont toujours aux champs, les Midlands, sorte d'énorme tas de charbon au cœur de la Grande-Bretagne, sont couverts d'établissements industriels, on y ouvre tous les jours de nouvelles mines, et le ciel est noir des fumées des hauts fourneaux », nous apprend Jacques Marseille.

Qu'en est-il pour les juifs ? Jacques Attali tranche la question sans équivoque : « Pour les chrétiens, il est recommandé d'être pauvre, pour les juifs, il est souhaitable d'être riche. » Dans la Bible hébraïque en effet, comme dans le Coran, la richesse est considérée comme un signe de bénédiction divine, à l'image d'un Abraham « lourd en troupeaux, or et argent ». À cent lieues des théologiens chrétiens inspirés de l'héritage aristotélicien qui dénoncent la stérilité de l'argent, le judaïsme au contraire valorise sa fertilité. La richesse est bonne en soi. Elle rend possible l'offrande au Temple, elle permet d'accomplir ses devoirs à l'égard des pauvres et de la communauté des juifs, elle libère du temps pour l'étude de la loi. Mourir riche est une bénédiction. Le danger de l'idolâtrie et l'insatiabilité de l'amour de l'argent sont toutefois dénoncés par les textes bibliques, comme en témoigne l'épisode de l'adoration du veau d'or.

Dans ce contexte, on comprend mieux que l'histoire de la finance de notre pays se conjugue avec le protestantisme et le judaïsme. Protestants les Mallet, fondateurs de la première banque française en 1723. Protestants les Delessert, créateurs des Caisses d'épargne. Protestants les Hottinguer, grande famille de banquiers français. De nombreuses dynasties financières juives ont aussi marqué la vie économique de notre pays : les Rothschild, banquiers des rois et rois des banquiers, les frères Émile et Isaac Pereire et leurs conceptions avant-gardistes et sociales, les Lazard, grands banquiers internationaux... Les ancêtres du baron Ernest-Antoine Seillière, qui s'appelaient à l'époque Sellier, constituant l'exception catholique dans l'histoire de la banque française.

« Un dirham qui vient du commerce vaut mieux que dix dirhams gagnés autrement », affirme un hadith. On note que chez les musulmans, ni le Coran ni la Sunna (tradition orale musulmane) ne manifestent non plus d'hostilité de principe à l'argent ou à l'activité commerciale. Contrairement à la tradition occidentale, la figure du marchand est largement valorisée par l'islam. Le commerce représente une façon honorable de gagner sa vie. Non seulement le profit n'est pas condamné, mais, s'il est obtenu dans des conditions licites, sa valeur est égale à un haut fait militaire ou jihâd, ou encore à une œuvre pieuse. La richesse n'est condamnée dans l'islam que si la fortune gonfle l'orgueil des riches au point de les détourner de Dieu. Les interdits de l'islam sont clairement identifiés par les fonds boursiers qui œuvrent sur ce créneau. Les intérêts sont proscrits, c'est la raison pour laquelle les nombreuses banques islamiques se font payer des « prestations » et non pas des intérêts. La spéculation est interdite comme les activités jugées incompatibles avec la charia : l'armement, la pornographie, les jeux de hasard, l'alcool et les spiritueux, le commerce de la viande de porc. Si la théologie morale chrétienne dénonce dans l'avarice un amour démesuré des biens, l'islam tend plutôt à insister sur le mauvais usage possible de ces biens. Le Coran invite donc à dépenser « avec intelligence » et dans la générosité. L'attitude à l'égard de l'argent que prône l'islam est finalement celle d'une générosité modérée, sans avarice et sans prodigalité.

Quant au bouddhisme, il devrait accueillir toutes les fortunes, tant sa compatibilité avec le modèle capitaliste est éloquente : « Ainsi, ô grand roi, la grande richesse qui est correctement utilisée n'est pas destinée à se perdre, mais à être consommée pour le bonheur » (verset 8.15). Le Dalaï-Lama, icône du libéralisme ?

7

Le temps béni du capitalisme français

> « Toute l'industrie, tout le commerce
> finira par n'être qu'un immense bazar où
> l'on s'approvisionnera de tout. »
>
> Émile Zola, *L'Argent.*

Durant le Ier millénaire après Jésus-Christ, la croissance était presque nulle dans le monde. Selon l'économiste Angus Maddison, le PIB mondial dépassait à peine
les 100 millions d'euros. Dans les siècles qui suivirent
l'an Mil, il y eut un frémissement. On parle d'une croissance de 0,13 % par an. Et vint l'an de grâce 1360.
J'aime cette année. La guerre de Cent Ans fait rage. La
France ressemble à l'Irak de 2007. Chaque village est
pris, repris, avec son lot de massacres. L'insécurité
ambiante étrangle les échanges, déclenche la thésaurisa-
tion. Les stocks de métal blanc ou jaune disponibles
pour la frappe se tarissent. Ce sont alors des dévalua-
tions en cascade. Dans ce contexte d'épouvante naît le
franc. Pour libérer le roi de France Jean II le Bon, fait
prisonnier par les Anglais quatre ans plus tôt, il faut
payer rançon. Et l'Anglais est gourmand : il réclame
3 millions d'écus or. L'équivalent de 2,5 tonnes d'or. Les
ateliers du royaume frappent le premier « franc ». Rien
à voir avec la France. Franc veut dire libre. Sur les pièces,

on découvre le monarque tantôt à cheval, tantôt à pied...
La monnaie qui permettra de libérer le roi de France.
En 1360 toujours, au même instant, alors que Français
et Anglais s'entre-déchirent, en d'autres lieux, marchands et banquiers de Gênes, de Florence ou de Venise
inventent la lettre de change, l'aïeule du chèque. C'est
l'année du franc libérateur, c'est aussi l'année de la victoire du négoce sur le glaive. Quand les instincts guer-
riers sont canalisés par des rêves de prospérité
économique. C'était en l'an de grâce 1360.

Et puis, voici un peu moins de deux cents ans, l'économie mondiale s'est mise en branle. En ce début de
XXIe siècle, nous semblons découvrir une mondialisation
peuplée de dangers et d'écueils. Or notre monde a
connu une première mondialisation comparable à celle
que nous vivons aujourd'hui. Dès le milieu du XIXe, nos
arrière-grands-parents ont vécu ce que nous vivons
aujourd'hui. Cette période s'étale sur cinquante années
environ : 1860-1914. Suzanne Berger, professeur de
sciences politiques à Cambridge, a publié en 2006 un
petit trésor intitulé *Notre première mondialisation*. On y
apprend que nos aïeux avaient leurs Besancenot, leurs
délits d'initiés, leurs journalistes économiques bidon
et... une peur panique de l'économie chinoise. À la fin
du XIXe siècle, un économiste renommé écrivait : « Le
péril jaune qui menace l'Europe peut donc se définir
de la manière suivante : rupture violente de l'équilibre
international sur lequel le régime social des grandes
nations industrielles de l'Europe est actuellement établi,
rupture provoquée par la brusque concurrence, anor-
male et illimitée d'un immense pays nouveau. » Toute
ressemblance avec des faits ultérieurs ne serait que pure
coïncidence ! En somme, nous vivons une répétition
pâlotte du passé. Mais le surprenant est ailleurs : la
France aima cette mondialisation. Avec jubilation. Chif-

fres à l'appui : de 1887 à 1913, le volume net des investissements français à l'étranger représentait une proportion plus importante qu'aujourd'hui ! « Les Français envoyaient leur épargne partout dans le monde, observe Suzanne Berger, et particulièrement en Russie, dans l'Empire ottoman et en Amérique latine. Et déjà les industriels français délocalisaient la production pour s'implanter en Europe de l'Est, en Asie Mineure et ailleurs, comme par exemple les établissements Gratry, une compagnie lilloise de textile qui délocalisa une filiale importante en Belgique en 1899 pour des raisons fiscales... Juste avant la Première Guerre mondiale, on note qu'entre le quart et le tiers de la richesse nationale globale, en dehors de la terre et de l'argent destiné au circuit de la consommation, était placé à l'étranger. Les Français investirent au-delà de leurs frontières environ 50 milliards de francs-or (soit 10 milliards de dollars de l'époque). Seule la Grande-Bretagne fit mieux (environ le double). Paradoxalement, ce sont les petits épargnants qui se sont avérés les plus friands de valeurs étrangères. Les investisseurs français portèrent d'abord leur choix sur les obligations émises par les États et les compagnies de chemins de fer. »

Cette « première mondialisation » entraîna une internationalisation de l'économie et atteignit dès la fin du XIXe siècle un niveau qu'elle ne retrouverait qu'au milieu des années quatre-vingt ! Une « école des conseilleurs » se mit ainsi en place pour coacher les pères de famille convertis au capitalisme. On y enseignait les « bonnes pratiques » de l'épargne et du placement. *Les Dix Commandements du rentier* de Neymarck furent publiés en 1898. Ce best-seller proposait à ses lecteurs des conseils pour placer intelligemment leurs avoirs. Il leur suggérait ainsi de ne plus placer à court terme sur la base de « tuyaux », mais de se donner l'horizon d'une vie. *L'Art de placer et de gérer sa fortune* de Leroy-Beaulieu fit un carton en 1902. Cet économiste de renom s'adressait aux investisseurs novices, passionnés par la Bourse et le marché. Dans cet ouvrage, on déconseillait les valeurs françaises à cause de la « langueur » de l'économie nationale, et on encourageait les valeurs étrangères.

On nous aurait donc menti ! Les propos convenus que nous entendons depuis si longtemps sur la prétendue incompatibilité française avec le marché ne sont que des ragots : notre pays dispose d'une longue histoire capitaliste. Et ce, depuis le XIIe siècle. Contrairement à l'image d'Épinal, la propriété paysanne, par exemple, est très largement répandue sous l'Ancien Régime : Michel Winock estime à 4,7 millions le nombre de propriétaires fonciers à la veille de la Révolution – sur une population de moins de 30 millions d'habitants...

Mais le grand promoteur du capitalisme français s'appelle Napoléon III. L'homme, objet de toutes les haines hugoliennes, est le réformateur libéral que la France attend. Avant lui, dans les années 1850, la France était archaïque. Après lui, elle est réformée. Quand il arrive au pouvoir, les Bill Gates du monde se nomment Baring ou Hope. Napoléon III va adjoindre quelques noms français à ces fortunes, comme Rothschild ou Pereire... Mais surtout, pour la première fois dans l'histoire du pays, il va faire du peuple l'acteur et l'actionnaire principal de la croissance retrouvée.

La métamorphose est totale. Elle est le fruit d'une longue réflexion du prince Louis Napoléon Bonaparte, observateur infatigable du progrès pendant ses années d'exil en Angleterre... L'homme phosphore. Il sidère par ses idées novatrices, audacieuses et même révolutionnaires. On manque d'eau en région parisienne ? Il capte les eaux de la Dhuys, un affluent de la Marne, et, par un aqueduc de 131 kilomètres, il conduit l'eau saine jusqu'au réservoir de Ménilmontant, d'une capacité de 100 000 m^3. Le citadin peut boire sans risques et se laver régulièrement. Le réseau d'égouts passe de 200 à 600 kilomètres. Les égoutiers pourront se déplacer en bateau dans les 170 kilomètres des plus grandes canalisations et rester debout dans les autres collecteurs. Il fait poser 13 733 becs de gaz. Un employé municipal fait bientôt son apparition à la tombée du jour et à l'aube, l'« allumeur de réverbères ». Les voies secondaires sont aussi éclairées, mais par des réverbères à huile. Lyon, Marseille et Bordeaux vont aussi bénéficier de la modernisation. Il faut également désenclaver les campagnes. Elles vivaient en autarcie jusqu'en 1851. On développe les communications ferroviaires. Les produits régionaux quittent leur terroir, ce qui améliore la situation des paysans. Cependant l'agitation urbaine, le foisonnement attirent. Le flux de la campagne vers la ville s'accélère. Napoléon III fait construire les Halles par Baltard. Le cortège médiéval des troupeaux d'animaux vivants, avec tout ce que cette transhumance implique, est remplacé par des arrivages organisés, grâce au chemin de fer. Les premiers trains de marée garantissent la fraîcheur du poisson et, désormais, on trouvera à Paris des produits venant de toute la France. À l'initiative d'un ancien militaire nommé Decroix, qui vante les bienfaits de la viande de cheval, des citadins succombent à la manie hippophagique. Des boucheries spécialisées s'ouvrent, avec une tête de cheval dorée comme enseigne. L'ouvrier peut manger de la viande toutes les semaines.

Cependant, le coût du maillage ferroviaire de la France est exorbitant. Il faut donc trouver des moyens originaux de financement : l'État garantit un taux d'intérêt de 3 % à l'émission d'obligations de chemins de fer. Les gros investisseurs sont, dans un premier temps, perplexes. Du coup, l'Empire étend l'emprunt obligataire jusqu'aux « petits capitalistes ». Le succès est extraordinaire et suscite une vague de spéculation sans précédent. Dès la fin de 1852, le réseau de chemins de fer est financé. Un petit groupe de proches de l'empereur, le duc de Morny, le spéculateur Mirès, Persigny, les frères Pereire, deviennent les inspirateurs d'une doctrine économique libérale. L'idée première vise à assurer un élargissement permanent du marché. La doctrine du nouveau régime s'appelle la prospérité sans fin : après les chemins de fer, le bouleversement des villes, la révolution ferroviaire portée dans toute l'Europe, le canal de Suez, l'Asie... La France est active, travaille durement et réussit. Le capitalisme vit sa belle époque. Les dynasties d'affaires et les nouveaux venus de la banque, de l'industrie ou du commerce brassent de l'énergie, des idées et beaucoup d'argent. Les grands magasins apparaissent, Havas et Reuter créent des agences, les banquiers font de la Bourse un haut lieu de la finance. Bien entendu, la Bourse accueille favorablement les mesures de Napoléon III : il procure la sécurité aux intérêts, un élan aux affaires et une impression de force et de durée. D'ailleurs, pourquoi s'en défier ? Grâce à cette nouvelle politique, le cours des valeurs fait un bond de près de 50 % en deux ans. Le marché de Paris est devenu celui de l'Europe. Le nombre des valeurs cotées a, lui aussi, augmenté considérablement. En vingt ans on assiste à l'apparition de nouveaux types de banques adaptées à l'évolution économique et aux besoins qu'elle suscite. Ainsi le Crédit foncier est créé en 1852 pour offrir au monde rural un substitut à l'usure traditionnelle et une politique d'aide à la propriété. Le Comptoir d'escompte, né en 1848, ouvre des agences à l'étranger, réorganise les banques des possessions françaises, se transforme peu à peu en établissement financier. La Société générale de crédit industriel et commercial, fondée en 1859, se présente comme une banque de dépôt. Le Crédit lyonnais, créé en 1863, propose d'ouvrir un compte courant à condition d'effectuer un premier versement de 50 francs au moins. La Société générale, en 1864, commence comme banque d'affaires avec un capital de 120 millions, plus élevé que toutes les autres. Au départ, elle finance des opérations de spéculation immobilière. L'heure est à l'internationalisation. On signe un accord de libre-échange franco-britannique le 23 juin 1860. Le prix des transports se libère et baisse singulièrement. L'Asie et le Japon font leur apparition dans l'équation économique internationale. En 1865, la stabilité des monnaies est telle qu'à l'instigation de Napoléon III, une première union monétaire européenne, l'Union latine, une sorte de zone euro avant l'heure, voit le jour. N'importe qui peut régler ses achats à Bruxelles ou à Paris avec des lires ou des francs suisses.

L'une des plus remarquables innovations de l'époque est la création des grands magasins. On y entre librement et, pour la première fois, les prix sont affichés. La Belle Jardinière existait déjà depuis 1824 et Félix Potin depuis 1850. En 1852, un certain Boucicaut prend la direction du Bon Marché. Il introduit de nouvelles méthodes : prix fixe et marqué, diminution de la marge bénéficiaire pour réduire le prix de vente, autonomie des différents rayons, publicité, envoi d'échantillons, reprise de la marchandise. Le chiffre d'affaires passe de 0,5 million en 1852 à 3 en 1857 et 7 en 1863. En 1877, année de la mort de Boucicaut, il s'élève à 67 millions. Le Second Empire, c'est l'ascenseur social : Chauchard, commis de boutique, lance Le Louvre avec des fonds fournis aussi bien par les Pereire que Fould ou le duc de Galliera. Jaluzot, après avoir été chef de rayon au Bon Marché, fonde Le Printemps (1865) sur le boulevard Haussmann, le quartier neuf du Second Empire. Enfin Cognacq, commis de nouveautés sur le Pont-Neuf, c'est-à-dire camelot, loue en 1870 un magasin proche du Pont-Neuf qu'il appelle La Samaritaine ; il fournit l'intendance de vêtements militaires pendant la guerre et prend son essor immédiatement après.

« L'argent est le fumier dans lequel pousse l'humanité de demain. Le terreau nécessaire aux grands travaux qui facilitent l'existence », écrit Zola. Une caricature de 1854 montre un Anglais perplexe devant un boulevard éventré. À son épouse, elle aussi étonnée de ne pas reconnaître la ville de 1840, il déclare : « Les journaux de Londres n'ont pas parlé de ce tremblement de terre. » On crée le bois de Boulogne, on réaménage le bois de Vincennes. 24 404 maisons croulantes sont abattues, 74 597 immeubles sont élevés. Des rues sont percées, des collines rasées, le tout soulevant des nuages de poussière. Un autre dessin humoristique, français celui-là, publié en 1855, présente un Parisien parti de chez lui le matin et qui ne retrouve pas sa maison le soir : elle a disparu ! Les 447 voitures de la Compagnie générale des omnibus permettent de traverser Paris facilement, pour un tarif très modéré. L'horizon citadin s'élargit. L'ouvrier peut aller travailler des flancs de Montmartre aux fossés Saint-Jacques, tandis que le représentant en lingerie peut descendre des hauteurs de Belleville jusque vers l'élégant Champ-de-Mars pour déballer ses frivolités. Encore cinq ans auparavant, si on naissait dans le faubourg Saint-Antoine, on y grandissait, on y était apprenti, on s'y mariait, on y travaillait et on y mourait. Désormais, les douze arrondissements parisiens et les vingt quartiers – portés respectivement à vingt et à quatre-vingt le 1er janvier 1860 – sont de véritables villages reliés entre eux. On observe la même mobilité dans les capitales régionales qui ont été elles aussi embellies et réorganisées.

La presse avait connu des nouveautés dans les années 1830. Émile de Girardin avait lancé en 1836 le journal *La Presse*, dont l'abonnement était de moitié inférieur à celui des autres journaux. Il coûtait 40 francs au lieu de 80 et la quatrième page était consacrée à la publicité. Le mouvement se poursuit. En 1866, Émile de Girardin diminue de 3 à 2 sous le prix de son quotidien, *La Liberté*. Mais Millaud lance en 1863 *Le Petit Journal*, premier quotidien à un sou. La presse à gros tirage connaît un développement sans précédent et surtout dans les années 1880, grâce à la loi sur l'instruction obligatoire. Bien sûr, au milieu du XIXᵉ siècle, la situation ouvrière est dure. La journée de travail est, légalement, de 11 heures à Paris et de 12 heures en province, mais cette durée est souvent dépassée, par exemple 13 heures à Roubaix, 14 à Lyon. Un record : dans l'Ardèche et le Gard, c'est la durée du jour qui fixe la journée de travail : jusqu'à 16 heures l'été. Napoléon et Eugénie créent d'ailleurs les Fourneaux économiques, qui servent plus d'un million de repas chauds réservés aux indigents et aux plus malheureux. Les ancêtres de la soupe populaire et des plus récents Restos du cœur. Pourtant, déjà à cette époque, la prospérité retrouvée n'enchante pas les ultras. L'extrême droite accuse les juifs de s'être alliés aux Allemands pour transférer l'épargne française en Allemagne. La théorie du complot, en somme. L'extrême gauche lance une croisade contre l'expropriation des capitaux. Pour Auguste Chirac, journaliste antisémite à la *Revue socialiste*, « notre république est gouvernée par un roi appelé Rothschild, ayant pour courtisan ou pour domestique la banque juive ; celle-ci tirant avec elle ou repoussant, selon les cas, les autres banques et dictant des lois aux Parlements comme aux ministres qui – les innocents – croient gouverner ce pays ». Des débats parlementaires enflammés s'ensuivent. Suzanne Berger nous remet en mémoire des temps qui nous en rappellent d'autres, plus proches : « Le Crédit lyonnais qui vendait des placements étrangers fut pris à partie dans ce qui constitua sans doute la première affaire du Crédit lyonnais, car en 1903, 30 % des bénéfices du Crédit lyonnais provenaient des emprunts russes. La gauche, *L'Humanité* en tête, invoque alors l'exemple allemand : les banques françaises doivent investir dans l'économie nationale comme chez nos voisins. Un projet socialiste est discuté au Parlement : il propose d'encourager les familles à dénoncer ceux de leurs membres qui ne déclarent pas les valeurs étrangères reçues en héritage. Le délateur devait se voir octroyer les titres en question. Cette idée ne fut pas retenue. »

Le Second Empire est une période d'autant plus faste qu'un équilibre paraît trouvé entre la modernité industrielle et les bases classiques de la prospérité nationale. Toutes deux peuvent progresser de concert. Contrairement à ce qu'écrit Zola dans *Au bonheur des dames*, les grands magasins, vitrine de la prospérité impériale, n'empêchent pas l'ouverture de boutiques à la mode dans le nouveau quartier Haussmann. Le petit entrepreneur parisien, épaulé par un réseau de crédit sophistiqué, vend jusqu'aux deux tiers de ses produits à l'extérieur et parvient à moderniser ses techniques de production et de vente dans une structure sociale inchangée. La confection adopte la machine à coudre, l'ébénisterie la scie mécanique, la bijouterie se lance dans le bijou en toc et en plaqué. La France rurale ne reste pas à l'écart de la prospérité impériale. L'orientation des prix à la hausse apporte à une paysannerie endettée et malheureuse un soulagement réel. La viticulture, encore presque partout présente, connaît alors un apogée. Enfin, le plein-emploi est presque réalisé, alors que les Français ont terriblement souffert du chômage sous la IIe République. On peut donc parler de miracle économique du Second Empire. Napoléon III, ravagé par la maladie, va connaître son Waterloo : Sedan. Les Prussiens de 1870 goûtent davantage les champs de bataille que la Bourse. Et à ce jeu, l'héritier des Bonaparte n'aura guère brillé. Le désastre militaire dissoudra tout – l'homme moderne, réformateur, social... L'acharnement de Hugo à qui Napoléon III et Morny ont osé refuser le poste de ministre de l'Instruction publique n'améliorera pas l'image de l'empereur. Hugo, qui soutint pourtant la candidature du prince Louis Napoléon. Son journal *L'Événement* fit même sa campagne : « Quel bon citoyen, pouvait-on y lire, refuserait d'applaudir des promesses du genre : supprimer les gaspillages, réduire les dépenses publiques, diminuer les impôts, protéger le travail, soutenir l'industrie, préserver les libertés, réunifier le pays ? » Injuste postérité, car l'homme a fait de la France la seconde puissance économique du monde. Diminué par la maladie, le flamboyant monarque ira mourir en Angleterre.

Aujourd'hui, quelques proches de Nicolas Sarkozy, comme Philippe Séguin, Jacques Marseille ou Henri Guaino, ont tenté de désenclaver la parenthèse du Second Empire des livres d'histoire. Pas facile à entreprendre ! Récemment, Sudhir Hazareesingh, professeur d'histoire à Oxford, spécialisé dans la culture politique française, a publié un ouvrage consacré à la fête nationale, la Saint-Napoléon. L'historien y fait un parallèle intéressant : « Un pouvoir économique nouveau, plébiscité par suffrage populaire, qui proclame sa volonté d'une rupture avec le passé récent ; un homme fort qui rêve depuis longtemps d'exercer le pouvoir suprême et qui préparait méthodiquement sa stratégie de prise de pouvoir ; des institutions politiques critiquées, avec en toile de fond une crise de la représentation : la France en mai 2007 ? Certes. Mais une France qui ressemble étrangement à celle de 1852. Concordance des temps : après avoir pris le pouvoir, le président Louis Napoléon Bonaparte exhorte la France à s'unir sous sa férule et à tourner le dos aux années noires de la IIᵉ République qui aurait (selon lui) fait sombrer le pays dans l'anarchie et le pessimisme. Il est piquant de voir à quel point le discours du nouvel hôte de l'Élysée rappelle celui de Louis Napoléon à l'aube du Second Empire : on retrouve la même exaltation des thèmes bonapartistes du maintien de l'ordre, le même pragmatisme, accompagné du désir de dépasser les clivages politiques traditionnels, la même célébration du culte de la volonté, la même fascination pour la modernité, et surtout la même insistance pour la nécessaire reconquête d'un sentiment de fierté nationale. Lorsque le nouveau président affirme que la France est un pays qui ne doit plus "demander pardon" pour son passé, il se fait l'écho du même sentiment nationaliste qui porta Louis Napoléon au pouvoir en 1848. Ces analogies, conclut l'historien britannique, soulignent à quel point le réflexe bonapartiste continue d'imprégner, de manière explicite et latente, la culture politique hexagonale. »

L'Angleterre est puissante. L'Amérique prend goût au développement industriel. Thomas Edison est au zénith : « Je vais vendre l'électricité si bon marché que seuls les riches pourront se payer le luxe d'utiliser des bougies », lance-t-il. La jeune IIIᵉ République supporte la comparaison. Mieux que cela, d'ailleurs. Elle va prospérer, en partie, grâce à la solide refondation entreprise par le Second Empire et connaître son âge d'or entre 1890 et 1914... Elle gagnera même la guerre que l'Empire avait perdue. Résignée à faire obstacle au retour des Bourbons, elle ne va pas dissimuler son admiration pour l'œuvre accomplie. D'ailleurs, de nombreux députés bonapartistes continueront, jusqu'au début du siècle suivant, à militer pour l'Empire... La République est là. Mais l'appétence des Français pour les actions n'a pas fléchi. Mieux, ils ont gagné en audace. Ils ne se limitent pas seulement à des placements de « père de famille » comme les obligations d'État. Ils savent que l'épargne individuelle assurera l'essentiel de leur retraite, alors ils osent. La part de la production nationale épargnée passe de 10 % au début du XIXe siècle à près de 20 % au début du XXe. C'est cet afflux d'épargne qui vient nourrir le développement du marché boursier. Pays d'agriculteurs, la France de 1900 est également celui de la petite entreprise et du commerce. Les sociétés françaises s'appuient d'ailleurs sur le marché financier pour se développer. Le parti radical est presque toujours aux affaires – une gauche « réaliste », antimarxiste et qui aime la propriété privée et la liberté d'agir. À la fois citadin et ouvrier jusqu'en 1880-1890, le radicalisme trouve l'essentiel de son soutien politique dans les campagnes, chez les paysans mais aussi les artisans. Selon Alain, « le radicalisme est petit-bourgeois ». Dans ses *Propos d'économique* publiés en 1935, le philosophe résume la pensée radicale de la propriété privée : « Ce qui est aimé d'abord, dans la propriété, c'est la liberté des travaux, plutôt que le libre usage des produits. » Plus que le libéralisme, c'est l'anti-étatisme qui semble caractériser l'époque, le refus de l'intervention publique.

Au début du XXe siècle, le marché boursier français connaît une croissance inédite. Au total, le nombre d'entreprises cotées en Bourse passe d'environ 200 à 600 entre 1900 et 1930. En 1913, en France, rapportée au PIB, la valeur des actions cotées s'établit à 78 %, contre 39 % aux États-Unis ou 56 % aux Pays-Bas. Parmi les grands pays développés, seul le Royaume-Uni dispose d'un marché financier plus dynamique que le nôtre. Augustin Landier et David Thesmar, dans *Le Grand Méchant Marché*, citent une étude diligentée par deux chercheurs américains, Raghuram Rajan et Luigi Zingales, de l'université de Chicago. Ce travail établit qu'au début du XXᵉ siècle, la France, malgré ses prétendus freins religieux, culturels ou institutionnels, dispose d'un marché financier bien plus large, en termes absolus et relatifs, que les États-Unis. Hélas, la presse financière va contribuer à mettre un terme au joli rêve des Français. Corrompus jusqu'à l'os, les journalistes spécialisés vont se faire acheter par les puissances étrangères et percevoir des sommes colossales, notamment des Russes, afin d'orienter les choix de leurs lecteurs vers des placements pour le moins douteux... On ne parlera jamais assez du rôle dévastateur de cette presse qui, abusant de la confiance que lui témoignaient tant de Français, et en l'absence de radio, de télévision et d'Internet, entraîna des millions de petits épargnants dans le gouffre. Quelques années plus tard, depuis Moscou, le nouveau pouvoir bolchevique transmettra aux journaux français le détail des sommes faramineuses versées à cette presse achetée. Une méfiance s'installa désormais dans l'esprit des Français. Les cinquante glorieuses étaient bien terminées. Privée de ses millions d'actionnaires, la France allait entrer dans une période de régression durable. Très rapidement, la trappe des échanges allait se refermer. Dans les années vingt, une inflexion nouvelle allait être donnée à l'économie. En 1939, les deux tiers de la production agricole française ne quittaient plus la ferme – une autarcie qui, sur le papier, n'aurait pas déplu à la planète altermondialiste actuelle. Au long de ce XXᵉ siècle, le commerce, les flux de capitaux deviennent sévèrement contrôlés. Pour Suzanne Berger, les conséquences de cet engluement national sont énormes. Selon la professeur de sciences politiques à Cambridge, c'est à cette économie perfusée, oligarchique, protectionniste et réticente à l'économie libérale qu'il faut imputer le déclin de la France et la défaite de 1940. Un monde nous sépare de cette période faste.

Aujourd'hui, à l'exception de Philippe Séguin, fervent admirateur de Napoléon III, rares sont ceux qui sont allés puiser dans ces années riches des principes nourriciers. Et pourtant, durant ces cinquante glorieuses, jamais l'État, qu'il soit impérial ou républicain, ne tenta d'étendre son intervention dans les politiques macroéconomiques et industrielles. « En revanche, conclut Suzanne Berger, en introduisant la progressivité de l'impôt sur les héritages en 1901, la taxation des valeurs mobilières et la création du premier impôt sur le revenu en 1872, la loi sur les accidents du travail en 1898, la journée de 10 heures en 1900, la loi sur les retraites en 1910, il fit montre d'une réelle maturité politique et fit entrer la France "dans l'ère de redistribution fiscale moderne", selon la formule de Thomas Piketty. La mondialisation n'empêcha donc pas l'adoption de lois fiscales aux effets redistributifs importants, elle laissa, au contraire, un espace extraordinaire à l'État en matière de réformes sociales. La France, à l'époque seconde puissance économique du monde, devint un modèle social européen. » Même Bismarck, qui souhaitait à son tour imposer en Allemagne une loi de protection pour les accidentés du travail en 1884, fut pris à parti parce qu'il s'inspirait de propositions françaises... Le temps où l'Allemagne imitait la France semble révolu.

8

Une immaturité française

« Le sculpteur César ne peut pas être un bon artiste : il dînait toujours au Fouquet's. »

Un conservateur de musée anonyme.

Les Français ont longtemps tenu Ronald Reagan pour un imbécile... Souvenez-vous du cow-boy des années quatre-vingt : cheveux gominés, toutes dents dehors, l'ancien acteur de série B avait en réalité une culture économique bien supérieure à celle des hommes politiques français. Alors qu'il était encore à Hollywood, un vice-président de General Electric, responsable d'un « think tank », lui avait demandé d'enregistrer des émissions de télévision pédagogiques, pour enseigner l'économie aux citoyens américains. À cette occasion, Reagan avait lu la plupart des économistes de la planète. Une année durant... Plus tard, lorsqu'il fut président des États-Unis, il aimait confier à ses proches qu'il avait six maîtres à penser : deux économistes d'origine autrichienne, Ludwig von Mises et Friedrich von Hayek. Deux Américains : Milton Friedman et un ancien professeur de l'université de Chicago, Frank Knight. Et enfin, ses deux préférés, prétendait-il : les Français Frédéric

Bastiat et Jean-Baptiste Say. Qui connaît Bastiat et Say en France ?

L'Américain, c'est l'ennemi officiel de la France, intronisé par De Gaulle avec la bénédiction de Thorez et de ses amis. Depuis, en mémoire du grand homme, le rituel politique est solidement ancré dans notre culture économique et politique. Le tropisme français offre une carte postale bien connue : la France, sa tour Eiffel, son foie gras, ses vins, son chômage, et son anti-américanisme. Rien n'a réussi à nous changer. Un classement indépendant des « entreprises où il fait bon travailler en France » a beau désigner cinq filiales d'entreprises américaines dans le peloton de tête (classement 2006 du Great Place to Work Institute), l'anti-américanisme persiste vaille que vaille. Surtout ne pas céder à la « dictature des marchés financiers », « aux requins de la haute finance », éviter de tomber dans le piège de « la rentabilité à tout-va ». « Il serait amusant d'organiser à Paris une conférence sur le thème de l'économie de marché ou du libre-échange et vous auriez contre vous tout le monde : les cerveaux d'Attac, les grands leaders syndicaux, les zélateurs du Front national, l'avant-garde éclairée du parti communiste et de la gauche révolutionnaire, les cadres du parti socialiste, les barons de la droite jacobine et étatiste, constate, à peine amusé, l'économiste Jean-Louis Caccomo. Tout ce beau monde, qui parle évidemment au nom du "peuple" ou encore de "l'intérêt général", se retrouve pour dénoncer l'impérialisme et l'hyperpuissance des États-Unis qui se cachent derrière la prétendue domination économique. Personne ne s'interroge sur l'origine de cette puissance américaine, alors que les mêmes récitaient en chœur le couplet du déclin de l'empire américain basé sur la déconfiture annoncée du modèle libéral incarné par Thatcher et Reagan. »

Pourtant, c'est bien depuis cette période reaganienne

que les États-Unis ont retrouvé la voie d'une prospérité toujours accrue, affirment Camille Landier et David Thesmar dans *Le Grand Méchant Marché* : « Comme le soulignait un éditorial du *Wall Street Journal* Europe le 23 janvier 2006, à l'occasion du vingt-cinquième anniversaire du début de la présidence Reagan : "Le plus grand hommage que l'on puisse rendre au succès des Reaganomics est peut-être que, au cours des 276 mois passés, l'économie américaine n'a été en récession que pendant quinze mois. Cela signifie que pendant 94 % du temps, l'économie américaine a créé des emplois (43 millions au total) et de la richesse (30 000 milliards de dollars). Plus de richesse a été créée aux États-Unis au cours du dernier quart de siècle que pendant les 200 années précédentes... Les taux d'impôts aux États-Unis sont en moyenne deux fois moins élevés qu'ils ne l'étaient dans les années soixante-dix et presque chaque nation a suivi le modèle reaganien." » Pas la France. Jacques Marseille constate de son côté que si notre pays avait la même structure de l'emploi que les États-Unis, à population comparable, elle compterait 5,3 millions d'emplois en sus alors qu'elle compte un peu plus de 2 millions de demandeurs d'emploi ! Et si l'on nous ressert que la société américaine va mal avec ses 11,3 % d'Américains vivant en dessous du seuil de pauvreté, notons qu'une statistique récente nous informe que cette pauvreté américaine se distingue des pauvretés du reste du monde : 99 % de ces pauvres ont l'électricité, 70 % disposent d'une voiture et 40 % sont propriétaires de leur logement.

L'atlantisme de Nicolas Sarkozy aura fort à faire : l'Américain demeurera longtemps l'abruti manichéen, incarnation jusqu'au-boutiste de l'affairisme mondialisé, le responsable de toutes les pauvretés du monde, le manipulateur cynique de toutes les guérillas, l'assassin d'Allende, le buveur de Coca-Cola incapable de goûter les cultures du monde. Écoutez les diatribes de Besancenot, d'Arlette, de Le Pen, de Villiers, de Hollande contre la mondialisation et remplacez le mot américain par le mot juif... Saisissant. Cette farce théâtrale dans l'esprit de la *commedia dell'arte* où chacun tient son rôle, fidèle à un scénario immémorial, ne lasse pas. On se la repasse avec délectation, comme un bon film vu trente-six fois le dimanche soir sur TF1. Son titre : « L'oncle Sam est une ordure. » Les ficelles sont grossières, mais c'est si drôle. Il y a toujours les mêmes méchants : Ronald Reagan et son indéfectible acolyte Margaret Thatcher à tout jamais rhabillée par Renaud dans une chanson si « engagée » :

> *Y'a pas de gonzesse hooligan,*
> *Imbécile et meurtrière,*
> *Y'en a pas même en Grande-Bretagne,*
> *À part bien sûr Madame Thatcher !*

Un journaliste audacieux aurait peut-être dû rappeler que, lorsque Miss Maggie a accédé au pouvoir, le Fonds monétaire international était convoqué à Londres au chevet de l'État britannique au bord de la faillite, après quelques ratages travaillistes. Celle qui a dit « la meilleure politique de l'emploi, c'est de ne pas en avoir », celle que Renaud juge « imbécile et meurtrière » recevait récemment un hommage appuyé du travailliste Tony Blair, au nom d'une Grande-Bretagne où chacun sait qu'il n'y aurait pas eu de blairisme sans thatchérisme.

Pourquoi s'étonner lorsque la presse révèle que les Français ne croient pas à l'économie de marché ? En 2005, à la question « la libre entreprise et l'économie de marché sont-ils le meilleur système pour construire le futur ? », un tiers de nos compatriotes seulement a répondu « oui ». Le sondage international réalisé par l'institut Globalscan pour le compte de l'université du Maryland montre la distance qui sépare la France du reste du monde : les deux tiers des Français considèrent que l'économie de marché est nuisible au devenir de notre démocratie. La France se place ainsi au dernier rang des populations questionnées. Dans le même temps, 74 % des Chinois, 71 % des Américains, 70 % des Coréens du Sud ou 67 % des Britanniques considèrent que l'économie de marché est porteuse d'avenir et facteur de progrès ! Il ne sera pas aisé de renoncer à nos particularismes, ces boulets que nous portons comme des trophées. L'économiste Friedrich von Hayek avait coutume de dire que si jamais la France devenait libérale, c'est que le monde entier le serait déjà devenu depuis longtemps. Autre indicateur précieux : la perception qu'ont les Français de leurs chefs d'entreprise. En 1985, 25 % seulement déclaraient ne pas faire confiance aux chefs d'entreprise ; la situation se dégrade au cours des années quatre-vingt-dix, et ils sont 54 % en 2002. Une autre enquête menée par la Sofres en 2005 confirme ce constat en plaçant le grand patronat en queue de peloton des élites légitimes, loin derrière les patrons de PME, les élus ou les intellectuels.

À la rentrée des classes et à la saison des prix littéraires succède celle des profits. Les entreprises rasent les murs, mais le rituel, immuable, fait la joie des journalistes et de la planète gauchisante : les majors de l'économie française dévoilent leurs comptes dans une atmosphère de scandale. Songez donc : 80 milliards d'euros de bénéfice pour le total du CAC 40 en 2006. Tout cet argent réalisé sur le dos des pauvres... L'encre des bilans à peine séchée, la France immature s'étripe. « C'est plus qu'il n'en faut pour vaincre la pauvreté ! »

crient les uns, « on pourrait annuler la dette de l'Afrique ou vaincre la famine dans le monde ! » renchérissent les autres. « Il faut redistribuer et augmenter les salaires français pour faire justice et soutenir la croissance ! » rétorquent les plus avisés. Le doute s'installe... Ces dizaines de milliards de bénéfices servent-ils, oui ou non, l'économie française ? Où va l'argent ?

Selon la coutume française, la réponse est idéologique alors qu'elle pourrait être simple : une part revient bien sûr à la collectivité sous la forme de l'impôt sur les bénéfices. Pour le reste, le profit est soit distribué aux actionnaires, soit réinvesti. Ce qui, dans les deux cas, profite à l'activité nationale, car les actionnaires dépensent leurs dividendes et les investissements créent de l'emploi. Au lieu de cela, toujours le même prêchi-prêcha : les licenciements boursiers et les délocalisations sont la seule réponse cynique du patronat à ces « superprofits ». Billevesées inconséquentes qui mettent au jour le fossé entre réalité et fantasme. D'un côté, un fait : ces licenciements représentent une part très faible des emplois détruits en France, moins de 1 %. De l'autre, la représentation collective : ils sont la volonté d'un patronat âpre au gain, cupide, déshumanisé, la face inacceptable du capitalisme moderne. Depuis quelques années, la juste répartition, la redistribution, « l'équitabilité » sont devenues les mirages d'un capitalisme immature, que l'on pare de tous les maux pour combler un déficit flagrant de culture économique chez nos concitoyens. Si la France va mal, c'est la faute aux fabuleux profits des patrons du CAC 40 ! Jacques Marseille, dans son ouvrage *Les Bons Chiffres pour ne pas voter nul en 2007*, se livre à un petit calcul : « Les statistiques ici rassemblées montrent que si l'on confisquait l'ensemble des salaires des patrons du CAC 40 (environ 200 millions d'euros en 2005) pour redistribuer ce "magot" aux Français les plus pauvres qui sont, d'après le dernier rapport de l'Observatoire national de la pauvreté, 3 700 000, chacun toucherait un peu plus de 50 euros. Une statistique "têtue" qui montre que prendre l'argent aux riches pour le distribuer aux pauvres ne résoudrait en rien les problèmes bien réels que connaît la société française. »

Au royaume des idées reçues, la méfiance des Français à l'endroit du capitalisme ne s'arrête pas là. C'est acquis, nos compatriotes jugent que le capitalisme est incapable d'assurer l'avenir de la République. Mais ce n'est pas tout. Sur le terrain de la morale, la *doxa* populaire considère que la marchandisation ne saurait être vertueuse. Le penser serait même faire preuve de naïveté. En clair, accepter le capitalisme, c'est accepter le principe du « tous les coups sont permis pour faire du fric ». Cette croyance en l'impossibilité d'un système vertueux demeure encore une singularité gauloise. Selon Janine Mossuz-Lavau, directrice de recherche au CNRS et au Centre d'études de la vie politique française, « les Français sont extrêmement tolérants à l'égard de la corruption et des affaires douteuses. Quand on les interroge dans des enquêtes quantitatives sur l'image de la probité publique, il en ressort que les Français sont assez robespierristes et qu'ils jugent négativement la corruption. En revanche, d'un point de vue qualitatif, les Français acceptent le fait que la corruption n'est pas une chose bien mais concèdent certaines indulgences qu'ils sont capables de lister ».

Au terme d'une longue enquête au cours de laquelle elle a interrogé des centaines de Français sur la corruption, la chercheuse a identifié plusieurs comportements singuliers. En premier lieu, « les Français partisans de la réprobation compréhensive ». C'est un mélange d'indignation très molle et de compréhension justifiée : la corruption a toujours existé. C'est le fait qu'elle soit médiatisée qui donne l'impression d'une augmentation.

Et puis, c'est un comportement humain. Ne ferions-nous pas la même chose ? Finalement, les hommes politiques sont pris dans un engrenage et sont, en permanence, exposés à la tentation. Autre argument : il faut relativiser. Par rapport à d'autres pays, la corruption en France n'est pas importante. Et par ailleurs, il y a bien d'autres scandales – la faim, la misère. Deuxième grande famille gauloise identifiée par Janine Mossuz-Lavau : « les partisans de la tolérance à 99 % ». C'est l'acceptation de la corruption et même sa justification. La première façon de ne pas la condamner, c'est de la nier. On émet des doutes sur la réalité du problème. Une autre manière de l'éluder est de manifester une totale indifférence à son égard. Cela ne touche pas les gens dans leur vie quotidienne de manière directe. Le domaine politique est jugé trop éloigné pour s'insérer dans les préoccupations des Français. Autre moyen d'acceptation : le fait de dire qu'on n'y peut rien. Enfin, arrive l'argument selon lequel nos dirigeants doivent assumer un train de vie élevé pour être perçus comme les élites de notre pays.

Jeanine Mossuz-Lavau identifie aussi une famille qu'elle nomme « les partisans de la double peine pour les gens de gauche ». Pour eux, lorsqu'un élu de gauche est l'auteur de malversations, par exemple, il devrait être puni plus sévèrement que des gens de droite. Michel Rocard lui-même raconte que, dînant avec l'avocat Jacques Vergès – l'ancien porteur de valises du FLN –, il s'est trouvé décontenancé de voir celui-ci déguster des langoustes avec un art consommé... L'identification de l'avocat à la cause algérienne lui était alors apparue comme une forfaiture, comme s'il existait une antagonie fondamentale entre la gauche et la langouste... « Cela s'explique par le fait qu'on considère que les gens de droite sont plus enclins à ce type d'abus – culte du profit et de l'argent – alors que les gens de gauche ont été élus pour faire le bien des pauvres et défendre le bien public. Ce point de vue est très minoritaire évidemment », conclut la chercheuse.

Voilà qui nous amène à nous interroger : un pays peu rompu à l'exercice du capitalisme est-il plus naturellement sujet à la corruption ? A contrario, l'habitude des mécanismes de marché, la connaissance et la maturité engendrent-elles des comportements plus vertueux ? C'est Jacques Marseille qui aime citer l'étonnant indice de la corruption de 2006. Cet élément statistique peu connu établit un lien très intéressant entre corruption et pauvreté. Parmi les pays ayant obtenu une note inférieure à 5, figurent la quasi-totalité des États africains. En revanche, sur le podium des nations vertueuses, on trouve la Finlande, l'Islande et la Nouvelle-Zélande. Ces trois nations se partagent la note la plus élevée : 9,6 sur 10 ! La France, avec 7,4 sur 10, se situe au 18e rang mondial et au 12e rang européen.

Offrons-nous un détour par la petite Nouvelle-Zélande. Voici un pays dont les Français ne connaissent que les joueurs de rugby. Tout allait mal dans cet archipel des antipodes... jusqu'à ce qu'un gouvernement travailliste décide en 1985 de réduire l'impôt sur le revenu et fasse passer en trois ans le seuil le plus élevé de 66 % à 33 %, tout en élargissant la base taxable par une TVA plus élevée : un taux de 10 %, porté à 12,5 % en 1989. C'est le principe de la fameuse TVA sociale qui fit perdre approximativement 60 députés UMP à la majorité entre les deux tours des élections législatives de juin 2007 : lorsque Jean-Louis Borloo, dans un débat avec Laurent Fabius, lâcha l'information, c'en fut fini de l'état de grâce du gouvernement Sarkozy. Dommage, car en Nouvelle-Zélande, cette TVA sociale a entraîné une soudaine accélération de la croissance. Un excédent budgétaire a même remplacé le déficit.

Au regard d'une telle révolution fiscale, les baisses de 1 % ou 0,5 % pratiquées en France semblent dérisoires. Même si les chargés de communication des ministères abreuvent les journalistes de superlatifs dans le but de faire croire à une réforme fiscale consistante ! Le schéma néo-zélandais fait des petits un peu partout aujourd'hui, en premier lieu en Irlande, en Slovaquie ou en Estonie. Sans parler de Hong Kong où le taux maximum de l'impôt sur le revenu est de 17 % et de 22 % à Singapour. Le résultat de cet indice de la corruption 2006 est tellement à l'opposé des idées reçues que cela en devient jubilatoire. En résumé : plus un pays possède un capitalisme performant, plus il est vertueux ! Diablement subversif... Cet indice, élaboré de façon méthodique et irréprochable dans chaque nation du monde, est le fruit de nombreuses statistiques et perceptions locales. À bien y réfléchir, son résultat aurait de quoi plonger dans le désarroi tous les antilibéraux du monde. « Le plus réjouissant, commente Jacques Marseille, est de constater que les pays situés en tête du classement en termes de croissance, de niveau de vie et de bien-être sont en même temps les plus honnêtes. Une leçon de morale qui conforterait l'éthique protestante du capitalisme. »

Certes, dans le monde anglo-saxon, les scandales financiers sont fréquents. Mais pas stériles. Il en sort toujours quelque chose de bénéfique. Le scandale Enron aux États-Unis a longuement alimenté la chronique. Devenu le symbole du délitement de la morale capitaliste, il nous a fait oublier un peu vite les méandres de l'affaire du Crédit lyonnais ou la facture abyssale de France Telecom (sans compter celle de la SNCF). C'est un paradoxe car, selon l'économiste Jean-Louis Caccomo, « la faillite d'Enron a mis en évidence l'efficacité d'un système qui tend à éliminer

178

ceux qui n'en respectent pas les règles. Les escrocs qui ont falsifié les comptes de l'entreprise Enron sont aujourd'hui en prison, tandis que les cerveaux qui sont à l'origine de nos plus grands désastres financiers (Crédit lyonnais ou France Telecom) ont été remplacés par des collègues de promotion qui vont appliquer les mêmes recettes qui ont fait déjà tant de dégâts ». Il semble clair que le capitalisme ne s'use que si l'on ne s'en sert pas !

Pour s'en convaincre, Camille Landier, auteur avec David Thesmar du *Grand Méchant Marché*, nous invite à lire la publication annuelle du *Wall Street Journal* et du « think tank » américain Heritage Foundation : The Index of Economic Freedom. On y trouve une courbe qui montre de manière frappante la corrélation entre le libéralisme et la prospérité. En tête du classement des pays les plus libres économiquement, on trouve Hong Kong, Singapour, l'Irlande, le Luxembourg, puis l'Islande, le Royaume-Uni et l'Estonie. Le revenu moyen par tête de ces pays se monte à 30 000 dollars. Seconde catégorie : les « pays essentiellement libres » (catégorie à laquelle appartient la France, qui arrive seulement en 45e position dans le classement de 2007, derrière la plupart des pays européens, en particulier les pays ex-communistes). Dans cette catégorie, le revenu moyen n'est plus que de 15 530 dollars. Ce qui n'est pas encore une évidence dans la culture française est pourtant acquis depuis longtemps par d'autres. Mary Anastasia O'Grady a déjà fait observer, dans un article du *Wall Street Journal* Europe du 4 janvier 2006 : « Les pays qui libéralisent rapidement et complètement obtiennent des succès retentissants, politiquement et économiquement. Au contraire, le gradualisme conduit au risque de stagnation et même de retour en arrière, car les bénéfices des réformes ne sont pas assez évidents pour impressionner les électeurs et pour générer un mouvement durable en leur faveur. »

« Le seul intérêt de l'argent est son emploi », écrivait Benjamin Franklin. Justement, l'usage que certains patrons français en font contribue-t-il à la mauvaise image du capitalisme. Début mai 2007, un petit actionnaire d'une société du CAC 40 porte plainte pour abus de biens sociaux contre le président du conseil de surveillance. Il lui reproche d'avoir utilisé le Falcon du groupe pour partir en week-end, fondant son action sur une enquête de police... Il est vrai que l'intéressé utilisait beaucoup le Falcon d'Aéro Service : tournoi de golf en Belgique, en compagnie de son épouse, visite au pape au Vatican, en compagnie d'une amie, journaliste à *Paris-Match*... Le patron a remboursé 147 577 euros sur ses deniers personnels. Pas assez, selon la brigade financière. Mais la société a trouvé les mots pour expliquer à la maréchaussée que certains déplacements étaient aux confins du loisir et du professionnel : l'affaire est aujourd'hui classée. Le patron de droit divin aussi peu civique que vertueux n'est pas à proprement parler une spécialité française. Mais l'effet de volume, la répétition, le systématisme de ces comportements à la limite de l'honnêteté confèrent à la planète des hauts dirigeants français un particularisme dont la France se passerait bien. Car ce genre de pratique, quand il se généralise, évoque davantage les chefs d'entreprise du Venezuela ou d'Albanie...

Autre exemple : Jean-René Fourtou. À peine propulsé par son ami Claude Bébéar, en juillet 2002, à la tête de Vivendi, Jean-René Fourtou reçoit environ un million d'euros de stock-options, à un cours très bas, grâce au système mis en place par son prédécesseur, le très généreux Jean-Marie Messier. Puis 1,5 million en 2003 et 800 000 euros en 2004. En même temps son salaire augmente pour atteindre 3,4 millions d'euros en 2004. En 2005, il quitte sa fonction de président du directoire pour celle de président du conseil de surveillance. Grâce à cela, il va pouvoir toucher une retraite, celle de son ancien employeur, Aventis, dont il était le patron avant d'entrer chez Vivendi. Il perçoit donc désormais environ un million d'euros par an... Autre avantage, en restant chez Vivendi, il continue à pouvoir exercer ses stock-options. Aujourd'hui, compte tenu de la remontée du titre Vivendi, on évalue sa plus-value potentielle à environ 35 millions d'euros. Rien d'illégal dans tout cela.

« Je n'accepte pas que le travail salarié et l'esprit d'entreprise soient bafoués par les rémunérations et les privilèges excessifs que s'octroie une toute petite minorité de patrons », écrivait Nicolas Sarkozy dans sa profession de foi électorale. Et si les patrons français, Jean-Marie Messier en tête, étaient les premiers grands immatures du capitalisme ? Car ils sont nombreux à s'être comportés de façon contestable : Philippe Jaffré, Daniel Bernard, Antoine Zacharias, Jean-Marc Espalioux et plus récemment Serge Tchuruk. Le numéro un au palmarès de l'immoralité capitaliste étant l'ancien patron d'EADS, Noël Forgeard et son parachute doré de 8,4 millions d'euros équivalant à deux ans et demi de salaire brut et une prime de non-concurrence. Les 116 000 salariés d'un groupe qui a enregistré 5 milliards de pertes en 2006 n'en reviennent toujours pas. Dans la foulée, on apprenait que Serge Tchuruk, le président d'Alcatel-Lucent, avait perçu 8,2 millions d'euros en 2006, dont la plus grosse partie (5,6 millions) provenait « d'indemnités de cessation de son activité de directeur général », et que Jean-François Roverato, président d'Eiffage, avait de son côté perçu 195 000 actions gratuites en 2005 et 2006, d'une valeur estimée aujourd'hui à plus de 23 millions d'euros.

Autant de révélations qui tombent mal. Surtout dans les cas d'EADS et d'Alcatel-Lucent, deux entreprises dans le rouge où de grosses difficultés industrielles ont nécessité la mise en place de plans sociaux drastiques : 10 000 suppressions de postes chez EADS et 1 468 en France chez le second. L'essentiel des critiques s'est toutefois concentré sur Noël Forgeard. « Provocation », « scandale », « dégueulasse », « révoltant », « stupéfiant », « inadmissible », a-t-on pu lire dans la presse. Ségolène Royal a demandé « aux dirigeants d'Airbus de retirer la totalité de ce plan pour mettre à plat la façon dont sont justifiées les suppressions d'emploi ». Au centre, François Bayrou a pour sa part proposé « une loi de moralisation de la vie économique qui obligera à ce que ces avantages soient décidés en assemblée générale » pour créer « une vie de transparence dans l'entreprise ». Moraliser comment ? Pour Axel Miller, patron exécutif du groupe franco-belge Dexia, « le respect des règles élémentaires de transparence et de gouvernance est essentiel pour éviter les excès. Imposer une limite par la loi revient à mettre une barrière sur la plage du Touquet pour empêcher la mer de monter ».

Le magazine *L'Expansion* de juin 2007 estimait que la facture des sept parachutes dorés perçus par Jaffré, Bernard, Zacharias, Espalioux, Tchuruk, Messier, Forgeard « représente 85 millions d'euros, soit plus de 5 500 années de salaires pour un smicard ». Désormais, Antoine Zacharias, l'ancien Gargantua de Vinci, doit sourire lorsqu'il entend que certains parlent de limiter la concentration chez les patrons de plus de 10 % du plan total d'attribution de l'entreprise... Lui qui disposait de 35 % de la totalité des stock-options et de 78 % de celles réservées à son comité de direction. Il est bien tard, car la fric attitude de ces managers a largement contribué à discréditer le capitalisme français. Et lorsque l'on évoque cette immaturité française autour des sujets d'argent, nos patrons immoraux sont tout aussi responsables que le poids de la religion catholique, du rousseauisme, de l'idéologie marxiste, ou des autres raisons habituellement invoquées.

9

Les champions
de l'inculture économique

« C'est aussi bête de mépriser l'argent
que de l'adorer. »

Tristan Bernard.

Différents sondages menés en début d'année 2007 par
BVA et la Sofres pour le compte de Bercy le confirment :
les Français ont une connaissance limitée des indicateurs économiques rythmant leur vie quotidienne. 43 %
seulement des Français situent le taux de chômage
autour de 9 %. 40 % des jeunes l'imaginent nettement
au-dessus. 80 % des Français ignorent que la dette de la
France est comprise entre 1 000 et 2 000 milliards d'euros. 14 % la croient inférieure à 100 milliards d'euros.
Et 45 % sont incapables de donner un chiffre ! Une
constante cependant : tous les vecteurs de diffusion de
la culture économique sont pointés du doigt par les personnes sondées. Les médias tout d'abord : 52 % des
Français disent comprendre « tout ou la majeure partie » des sujets économiques traités dans la presse. Vient
ensuite l'école : 82 % des Français estiment que l'économie devrait faire partie des matières obligatoires enseignées à l'école, avec des cours spécifiques. Le
capitalisme, l'argent, l'économie de marché, l'économie

tout court : la République ne montre pas un farouche intérêt pour ces questions. Résultat, ses enfants frôlent l'ignorance. L'exception française a encore frappé. Un curieux panachage de pudibonderie catholique et d'égalitarisme issu de la Révolution nous pousse à considérer l'argent d'un sale œil, comme certains penseurs socialistes à la fin du XIXe siècle... Le 22 mai 2007, plus de deux semaines après l'échec de Ségolène Royal à l'élection présidentielle, un sondage montrait que 37 % seulement des militants de gauche sont favorables à l'évolution du parti socialiste vers la social-démocratie, à l'instar de nos voisins européens. Ainsi donc, deux tiers des militants rêvent qu'une vraie radicalité de gauche émerge enfin... Même si cette évolution nécessaire s'opère un jour, elle sera menée par les dirigeants « contre » les militants et « contre » les Français de gauche, qui y verront une trahison de leurs idéaux, ou tout au moins un renoncement. La gauche n'est pas sortie des ronces !

Sous Louis-Philippe, la France reprochait au ministre conservateur François Guizot son fameux slogan « Enrichissez-vous », en omettant de rappeler qu'il avait précisé « par le travail et par l'épargne ». Aujourd'hui, elle fantasme sur une répartition plus juste des bénéfices de l'industrie pétrolière. Faut-il qu'ils soient terrorisés, les patrons de Total, pour se refuser à expliquer aux Français que, dans un contexte pétrolier ultra-concurrentiel, cet argent sera totalement réinvesti dans des activités de recherche et développement, de redéploiement, de nouveaux forages... Investissements sans lesquels Total ne figurerait pas au banquet des survivants, l'année suivante. L'explication n'a rien de honteux. Pourquoi n'est-elle jamais fournie en ces termes ? Le résultat, c'est l'encrassement. Le champ de la connaissance économique qui s'appauvrit. Les vieux réflexes poujadistes. L'abêtissement syndical. Et l'apathie entrepreneuriale.

« Pourquoi se lancer dans la création d'entreprise ? s'interroge l'économiste Pascal Salin. Plutôt monter une association, recevoir des subventions, faire travailler des bénévoles et des stagiaires que gérer une entreprise en tentant de respecter les multiples contraintes que vous impose la réglementation tout en cherchant à être rentable. Par malheur, si vous êtes rentable, l'administration vous en fera le reproche et vous redressera. »

C'est ainsi. Dans notre doux pays, l'argent est à la fois omniprésent et tabou, ostentatoire et occulté, hégémonique et rejeté. Pour le journaliste de France 2 Laurent Delahousse, « en France nous avons un problème, nous n'aimons pas l'économie. Notre culture économique est sous-développée. Dans notre pays de tradition catholique, on encourage le mépris du profit et le dédain de l'argent depuis deux mille ans. Nous le savons tous. La qualité du débat économique en France en pâtit terriblement. De nombreux observateurs anglo-saxons ont noté la mièvrerie absolue des échanges lors de l'élection présidentielle de 2007. Comme si, au pays des droits de l'homme, les débats moraux, éthiques qui relèvent de la politique dans toute sa noblesse devaient primer l'économie, discipline seconde ». Même Jean-Michel Fourgous, élu UMP, créateur de Génération Entreprise, un lobby qui défend l'entreprise au Parlement, juge sévèrement la connaissance économique des élus de la nation : « En cette matière, notre élite elle-même est le plus souvent incompétente et ne comprend rien aux lois du marché. »
Des siècles de harangues anti-fric ont contaminé la société française, affectant notre psychosociologie nationale. Du géant français du CAC 40, fragilisé et opéable, à l'épicerie de quartier : à tous les niveaux de la vie économique, nos compatriotes manquent de pragmatisme dès qu'il s'agit d'argent. Refusant de parler salaires, reve-

nus, patrimoine, ils sont tantôt empruntés, tantôt miè-vres, faussement intéressés ou bêtement avides. « Lorsque nous avons tourné *La Vérité si je mens 2*, sourit le comédien Bruno Solo, comme les acteurs avaient tou-ché peu d'argent sur le premier film, nous avons négo-cié des intéressements sur les entrées. 25 centimes environ par entrée après 2 millions de spectateurs. Nous étions ravis d'avoir obtenu cela. Richard Anconina, de son côté, qui était un comédien plus expérimenté que les autres, avait eu des conditions meilleures que les nôtres : autour de 50 centimes après un million et demi d'entrées. Chose normale : il avait quinze ans de métier de plus que nous, deux Césars, et n'était pas un comé-dien en devenir. Mais un acteur pressenti par le réalisa-teur pour tourner à nos côtés, un type charmant, le prit très mal. Il s'était mis en tête d'obtenir les mêmes condi-tions qu'Anconina. Il en fit une affaire personnelle. Un bras de fer. Il voulait cet argent. Finalement, il n'a pas fait le film. Ce réflexe naïf et jusqu'au-boutiste a eu des conséquences : tout le monde a su ce qui s'était passé et sa carrière a connu un ralentissement. »

La France, lanterne rouge européenne de la culture économique ? « Sans doute, note Mathieu Lainé, maître de conférences à Sciences-Po, en tout cas nous sommes les champions des raccourcis idiots comme : en taxant les riches, on enrichit les pauvres. Des données économi-ques fondamentales comme la "trappe à pauvreté" sont maîtrisées et connues partout dans le monde... sauf en France où les foyers aux revenus légèrement supérieurs aux minima sociaux sont incités à réduire leurs efforts pour profiter des aides publiques. » Il en va de même pour l'ISF aux conséquences dévastatrices, mais que des politiques pas dupes maintiennent en l'état par démago-gie électorale... Car chacun sait que la pénalisation fis-cale des riches les incite à faire moins d'efforts ou à quitter le pays et donc à ne pas créer d'emplois. Comme 10 % des foyers payent 80 % de l'impôt sur le revenu, les politiques peuvent augmenter l'impôt sans risque électoral. Mais cela confine à l'absurde. « L'ISF, qui rapporte 2,7 milliards d'euros par an, a fait fuir 100 milliards en dehors du territoire », explique Mathieu Lainé. Pour l'économiste Thomas Philippon, « si la droite assumait la suppression de l'ISF, pourquoi pas ? C'est un impôt qui traîne une image de lutte des classes et ne rapporte pas grand-chose ». Selon Patrick Artus, directeur de la recherche et des études chez Natixis : « On est désormais seuls en Europe à s'accrocher à la défense de cet impôt proprement délirant, car il taxe à la fois le revenu du capital et le capital lui-même. On sait que les Français concernés partent désormais en masse à l'étranger pour y échapper, et que la TVA, non perçue de ce fait, est égale à deux fois ce que rapporte l'ISF à Bercy. »

Le célèbre commissaire-priseur, Pierre Cornette de Saint-Cyr, n'en revient pas : « J'ai récemment entendu un conservateur de musée prétendre que César ne pouvait pas être un bon artiste parce qu'il dînait au Fouquet's. Dans quel pays autre que la France un représentant officiel de l'art, formé, intelligent, pourrait tenir des raisonnements aussi nauséabonds ? L'argent ne devrait pas être tabou. Démystifions-le. C'est un outil d'échange inventé par les hommes. C'est le sang du monde. Ce qui me sidère, c'est que le monde des arts, en France, en a fait une notion maléfique. Alors que les artistes ont toujours parlé d'argent sans fard. Quand vous lisez les lettres de Michel-Ange, il parle sans arrêt d'argent ; quand vous lisez les carnets de voyage de Dürer, il parlait d'argent sans cesse. Les contrats qui liaient les artistes aux Médicis au XVIᵉ siècle étaient drastiques. On y parlait d'argent de façon totalement naturelle et décomplexée. L'argent honteux dans l'art, c'est récent, c'est faux-cul, et c'est malheureusement français. Dans le reste du monde ça n'est qu'un outil d'échange. Je demandai récemment à un conservateur du Centre Georges-Pompidou pourquoi il n'organisait pas de grandes rétrospectives des artistes français à l'étranger. "On me répond toujours : on n'est pas là pour leur faire gagner de l'argent." »

D'où vient cette naïveté française ? En 1986, on a cru faire avaler aux Français que le nuage de Tchernobyl avait survolé les pays voisins, mais qu'il s'était arrêté à nos frontières, respectueux qu'il était de notre biotope et de notre patrimoine d'exception. On connaît le résultat : une augmentation de 250 % des pathologies de la thyroïde. Comme ce gentleman de nuage, les lois économiques qui régissent le monde se sont arrêtées à nos frontières. Voici quelques années, Basile de Koch, Frigide Barjot et leur groupe de lurons iconoclastes appelé Jalons réussirent à réunir plusieurs milliers de personnes à la station de métro Glacière pour manifester... contre le froid. Génial ! Cette savoureuse absurdité me fait souvent penser au rapport que les Français entretiennent avec le monde qui bouge. Lutter contre la mondialisation est aussi dénué de sens que manifester contre le froid. Beaucoup voient dans la grande épopée de la mondialisation un phénomène qui détruit les emplois et accroît les inégalités. Or la mondialisation a débuté il y a cinq mille ans ! Déjà trois mille ans avant Jésus-Christ, un business de vases campaniformes s'était développé on ne sait où. Ces vases avaient une forme de cloche renversée. On en a retrouvé, datant rigoureusement de la même époque, fabriqués de la même façon, issus de la même terre, au Danemark, en Hongrie, dans les Îles britanniques, en Sicile, en Afrique du Nord. L'économiste du XVIIIe, Adam Smith, considérait que « le marchand qui ne pense qu'à son gain est conduit par une main invisible à remplir une fin qui n'entre pas dans ses intentions : il travaille efficacement pour la société ». Pour reprendre l'analogie de son contemporain François Quesnay, les flux marchands et monétaires qui irriguent le corps social sont au monde ce que les veines et les artères sont au corps humain. De même, l'Empire romain mit sur pied, du Caucase au Moyen-Orient, de l'Atlantique à la mer du Nord, un espace économique véritable. Un auteur grec du IIᵉ siècle, Aelius Aristide, le baptisa « marché commun à toute la terre ». Il écrivait à Rome : « Vous ne régnez pas à l'intérieur de limites déterminées et personne ne vous prescrit jusqu'où doit s'étendre votre domination. La mer s'étend comme une ceinture au milieu du monde habité, ainsi qu'au milieu de votre empire. Tout autour, les continents vous rassasient de leurs productions. Et la ville [Rome] est semblable à un marché commun à toute la terre. C'est là que se rencontrent commerce, navigation, agriculture, travail du métal, tous les métiers qui existent ou qui ont existé, tout ce qui se fabrique et tout ce qui pousse. On peut dire que ce que l'on n'a jamais vu ici, n'existe pas ou n'a jamais existé. »

Les altermondialistes considèrent, eux, que la mondialisation est un phénomène récent... Apparue dans les années quatre-vingt pour traduire le terme américain de *globalization*, la « mondialisation » est devenue, dans l'esprit de ces militants, un projet collectif, un grand acte politique d'envergure, porteur de menaces et de catastrophes totalitaires... Après la Shoah, après le Goulag, la mondialisation orchestrée par les marionnettistes du G8 nous entraîne fatalement vers le chaos. À croire que la mondialisation est une idéologie postmoderne qui contredit tout ce que nous avons appris, et en premier lieu les Lumières françaises. Rappelons pourtant que les inégalités étaient bien plus grandes avant l'avènement du capitalisme. Les contempteurs du marché raisonnent comme si la pauvreté n'avait pas toujours existé, comme si elle était un produit de l'économie de marché. Mais c'est le phénomène de la richesse qu'il s'agit d'expliquer, « l'origine des causes de la richesse des nations », pour reprendre le titre d'Adam Smith. Car l'accroissement des échanges a permis à l'Asie de décoller, aux pays pauvres de faire chuter le taux de mortalité infantile, à la planète de réduire sa proportion de personnes sous-alimentées (37 % en 1979, et 12 % aujourd'hui). C'est la richesse qui est un phénomène extraordinaire. La « récente » richesse de l'Islande, par exemple, désenclavée depuis peu... car la pauvreté était l'état initial du peuple islandais, état dans lequel nous retomberions si la dynamique de croissance économique venait à disparaître. En France, au pays des avantages acquis, on ne devrait jamais oublier que la richesse n'est jamais acquise. « Au cours de ces vingt dernières années, remarque Mathieu Lainé, on a vu à la fois la droite bonapartiste et la gauche la plus interventionniste se rallier tant bien que mal à ces nouveaux canons de l'économie libérale ouverte. Vingt ans, c'est cependant très peu. C'est trop peu pour que certains éléphants du monde politique élevés au lait étatiste aient totalement achevé leur révolution culturelle. C'est pourquoi on voit ressurgir les mêmes graines de démagogie, jetées sur le terreau d'une insuffisante culture économique française. Mais qu'on se rassure : ceux qui pratiquent cette politique de la grande illusion sont condamnés à disparaître. Tout simplement parce que trois quarts des Français réclament aujourd'hui plus d'explications économiques. Sans doute pour être en mesure de séparer eux-mêmes le bon grain de l'ivraie. »

C'est l'idée qu'a eue Thierry Breton, en 2006 : « Il faut préparer les citoyens, leur donner ces bases de civisme économique et de citoyenneté pour comprendre, s'adapter au monde qui est le nôtre. » Oui, mais que faire pour remédier à cet illettrisme économique ? Imaginer des cours de rattrapage pour les citoyens incultes ? Créer une agence nationale ? Un Observatoire de l'inculture économique ? L'État a choisi de réagir « à la française » en créant une instance – il aurait pu préférer un Observatoire, une Haute Autorité, il a choisi un Conseil. En septembre 2006, celui qui était encore notre ministre de l'Économie et des Finances, Thierry Breton, lançait donc le Codice : Conseil pour la diffusion de la culture économique. Objectif : « Faire de la pédagogie économique et favoriser la médiatisation de la culture économique », mais aussi proposer des pistes pour rapprocher le monde de l'entreprise et celui de l'enseignement. Petit couac tout de même : soucieux d'en faire une instance « impartiale », Thierry Breton confia sa présidence à un militant de gauche octogénaire, Claude Perdriel, le patron du *Nouvel Observateur*. Étrange casting. L'économiste Pascal Salin n'aurait-il pas été plus indiqué ? Il est peu probable que ce conseil fasse évoluer une inculture solidement chevillée à l'âme nationale, mais l'intention était louable. Selon Thierry Breton, il était « urgent de faire en sorte que nos compatriotes s'approprient davantage les grandes questions économiques ». Breton, qui regrettait que « la connaissance des Français semble limitée à quelques indicateurs économiques liés à la vie quotidienne comme les sondages, et correspondant à leurs préoccupations prioritaires : le taux de chômage et la hausse des prix essentiellement ». Mais alors, comment devenir « économiquement correct » quand notre classe politique demeure la risée de l'Europe ? En avril 2007, en pleine campagne présidentielle, Joaquin Almunia, commissaire européen aux Affaires économiques et monétaires, sortait de sa réserve bruxelloise pour adresser aux candidats français une mauvaise note générale : « Parfois, j'entends des arguments qui ne tiennent pas compte de la réalité économique, qui ignorent ce qui est en train de se passer dans les économies européennes. Pour les responsables économiques et politiques, pour leur crédibilité, pour pouvoir envoyer des messages clairs aux citoyens, la condition nécessaire est de connaître la réalité, de ne pas la changer pour pouvoir bénéficier sur le moment d'un argument plus ou moins démagogique. Or, je déplore le manque de courage politique et la démagogie dans la campagne présidentielle. » M. Almunia, non content d'admonester Nicolas, Ségolène, François et les autres en raison de leur médiocre connaissance économique, n'hésitait pas, dans un communiqué adressé à l'Agence France-Presse en avril 2007, à rappeler quelques fondamentaux. Quand un commissaire européen donne un cours d'économie aux candidats français à l'élection présidentielle, cela donne : « Le niveau des dépenses publiques par rapport au PIB en France est très élevé et les résultats obtenus en termes de politique sociale, de services sociaux, ne sont pas si grands, alors que les pays scandinaves, à niveau de dépenses équivalentes, sont généralement jugés exemplaires en la matière. Plus généralement, il y a en France un problème de structure des dépenses publiques et de système fiscal qui mérite une discussion plus approfondie. »

Car le sort qui est fait au capitalisme en France est profondément injuste. Toutes les disciplines universitaires convergent depuis des lustres sur le constat que l'entreprise est un espace d'affrontement entre patrons et salariés. Cette grille de lecture, à quelques nuances près, prévaut dans la plupart des disciplines. La sociologie ne s'intéresse à l'entreprise que comme un espace d'aliénation de l'homme. Postulat idéologique. La sempiternelle équation dominants-dominés est une estampille de qualité en histoire, en philosophie et, plus étonnant, en économie où en 2007 l'enseignement reste plus que jamais marqué par les penseurs adeptes de Karl Marx, de lord

Keynes et de leurs enfants putatifs. Certes, il ne s'agit pas de dire que tous les enseignements sont dispensés par des professeurs militants... Mais que ceux-ci donnent une vision orientée et partielle en choisissant des textes, des auteurs et en délivrant un message qui fait la part belle aux partisans de l'économie administrée, du « tout-État ». Conséquence logique, la perception de l'entreprise en France pâtit beaucoup de l'influence d'un système éducatif peu enclin à magnifier l'initiative individuelle. Selon un sondage Ipsos d'avril 2004, pour 33 % des Français, il n'est pas possible de diriger une entreprise en France en respectant la loi. Navrant. Pour Geoffroy Roux de Bézieux, « ce résultat peut être interprété de deux manières : les chefs d'entreprise sont malhonnêtes ou bien la loi est trop complexe et impossible à respecter. Il n'en demeure pas moins que pour un tiers des Français, les chefs d'entreprise sont des délinquants potentiels ! ». L'institut de sondage Opinionway nous apprend en 2006 que les Français font beaucoup plus confiance aux associations de consommateurs (91 %) et aux économistes (74 %) qu'aux dirigeants des entreprises (33 % seulement) pour les informer sur celles-ci. Mon sondage préféré : une œuvre d'art signée Ipsos, d'avril 2004. Les Français sont 60 % à avoir une image « bonne ou plutôt bonne » des dirigeants d'entreprises de moins de 250 salariés, ils ne sont plus que 37 % en ce qui concerne celles de plus de 250 salariés, et enfin moins de 25 % pour les dirigeants des multinationales. Commentaire de Roux de Bézieux : « Le message adressé par les Français aux patrons semble limpide : "Ne grandissez pas, restez des nains !" »

Enfin, très symptomatique du manque de maturité des Français sur les mécanismes inhérents à l'économie de marché, ceci ne manque pas de sel : à la question « Envers qui l'entreprise a-t-elle principalement des devoirs ? », les Français répondent majoritairement

« envers ses clients et ses salariés » (respectivement 78 %
et 71 %), très loin devant l'environnement et la population des régions ou des pays d'implantation. En revanche, seuls 6 % des Français pensent qu'une entreprise a
des devoirs vis-à-vis de ses actionnaires. Comment être
surpris par un tel résultat ? L'actionnaire, pour nombre
de Français, est encore conforme à la représentation
simpliste que la presse d'avant-guerre proposait à ses lecteurs : un homme replet, avachi dans un luxueux fau-
teuil de cuir, fumant un Partagas arrogant, l'œil torve...
Tout juste a-t-on gommé le caractère sémite de son
visage. Comme celui des années trente, l'actionnaire de
2007, finalement, c'est tout ce qu'il convient de haïr, à
droite comme à gauche : un spéculateur qui fait fi de la
« valeur travail », chère à Nicolas Sarkozy et à Ségolène
Royal. Pourquoi la presse française offre-t-elle à ses lecteurs une vision si caricaturale de l'actionnariat ? Pour
des raisons idéologiques ? Pourquoi l'entreprise idéale
plébiscitée par la planète communicante serait cette
PME franco-française, située dans des locaux labellisés
haute qualité environnementale (HQE), dirigée par un
patron médiatique ne souhaitant pas trop gagner d'argent, embauchant en CDI sans jamais débaucher, redis-
tribuant ses bénéfices aux salariés, investissant dans le
développement durable, menant une expérience avant-
gardiste de semaine de 32 heures. Cette société, quand
même rentable, serait contrôlée familialement par des
actionnaires philanthropes qui ne réclameraient aucun
dividende et qui ne poseraient qu'une seule exigence :
surtout ne pas grandir, car tout ce qui est petit est
mignon ! « Bref une espèce d'abbé Pierre du patronat,
de sœur Emmanuelle du CAC 40 », conclut Roux de
Bézieux. Autre sondage : « Quelle doit être la priorité
d'un dirigeant d'une grande entreprise française ? »
28 % des personnes interrogées ont répondu « créer des
emplois en France », 22 % « avoir une vision pour l'en-

treprise », 15 % « avoir une vision pour le pays », et seulement 14 % « gérer au mieux pour que l'entreprise soit bénéficiaire » ! Commentaire de Roux de Bézieux : « On imagine la tête des gérants de fonds californiens si nos dirigeants commençaient leurs roadshows par leur vision de la France plutôt que de présenter les habituels résultats financiers. Et pourtant, c'est ce que les Français attendent. On tient là l'origine de la situation actuelle. Les Français ont une vision du métier de patron et du rôle de l'entreprise qui va bien au-delà de ce que les patrons de 2007 sont prêts à faire. » Le fondateur de Croissance Plus se souvient que François Michelin, dans certaines réunions d'entrepreneurs, se promenait parfois avec une curieuse boule de bois munie de trois pieds : « Cet objet en bois, c'est l'entreprise, souriait-il. La tête, c'est l'entrepreneur, et les trois piliers, ce sont les clients, les salariés et les actionnaires. Si vous retirez l'un des piliers, l'entreprise se casse la figure. »

La France aurait pu aimer Anquetil, le cycliste qui gagnait ses courses en regardant sa montre. Madré, clairvoyant, brillant. Elle lui préféra la mythologie poulidorienne, véritable tropisme qu'elle auto-alimente depuis toujours. Dans les scénarios que l'inconscient collectif affectionne, il faut un cynique méchant et un petit courageux. Ainsi, notre pays adore les causes perdues, les éternels seconds, le combat juste du petit contre le grand. C'est David contre Goliath. C'est Poulidor contre Anquetil ou Merckx, mais Poulidor n'a jamais gagné le Tour de France, quand Anquetil et Merckx l'ont remporté cinq fois chacun. C'est Astérix contre les Romains. De Gaulle contre l'OTAN et les Américains. Les Césars contre les Oscars. C'est l'exception culturelle. C'est la France contre le monde entier. *No pasaran !* Si elles sont constitutives de l'histoire française, ces images en noir et blanc entretiennent de graves équivoques. Le « génie » national, si pittoresque soit-il, prend des distances inquiétantes avec le monde réel. Au nom de la morale, de l'idéologie, il nous tient à l'écart des évolutions du monde. Voici un siècle, les Français avaient mal compris et mal vécu le passage de la société agricole à la société industrielle. Aujourd'hui, ils vivent mal le passage de la société industrielle à la société mondialisée. C'est peut-être la raison pour laquelle la France n'a pas son Rockefeller. Son héros milliardaire parti de peu et arrivé très loin. Certes, il y eut Jean-Baptiste Doumeng. Mais la popularité de ce truculent Toulousain devait plus à son accent rocailleux, sa gouaille gasconne et sa carte au Parti communiste qu'à ses succès commerciaux. Il est tout de même singulier d'observer que le seul milliardaire populaire dans la France de l'après-guerre était surnommé le milliardaire rouge. Vieille histoire... La France a-t-elle pour autant un Bill Gates ? Les trajectoires de Vincent Bolloré, François Pinault ou Bernard Arnault ne constituent pas des modèles de réussite qui nourrissent la fierté nationale. Ils ne sont que des héritiers, ce qui n'était pas le cas de Bill Gates. Et puis les Français n'aiment pas ceux à qui tout réussit.

Regardons le football. L'homme le moins aimé du football français s'appelle Jean-Michel Aulas. Il est justement le seul que nous devrions vénérer, tant il s'acharne à briser le cercle vicieux de la médiocrité française dans les compétitions européennes. Le président de l'Olympique lyonnais vient de mener son club, pour la sixième année consécutive, sur la plus haute marche, celle de champion de France. Du jamais vu dans l'histoire du football français. Et pourtant, ce président visionnaire est considéré par nombre de Français comme un affairiste... Injuste : Aulas est un modèle. Un jour, il gagnera la Champion's League. Qu'Aulas se rassure, les nobles causes finissent toujours par l'emporter. Les démocraties alliées triomphèrent des forces de l'Axe. Les Nordistes l'emportèrent sur les esclavagistes du Sud. Les mouvements d'émancipation nationale l'emportèrent sur les colonialistes. L'Allemagne a été réunifiée, comme le seront Chypre ou l'Irlande. Et dans ces grandes victoires, les desperados des causes perdues finissent toujours engloutis. Leni Riefenstahl aurait été la plus célèbre cinéaste d'Europe si elle n'avait été l'égérie d'Hitler. Joseph de Maistre aurait été un des grands philosophes d'expression française s'il n'avait pas combattu les Lumières et les idées de la Révolution.

Revenons au football. Que les connaisseurs m'excusent de ces quelques paragraphes, mais il était urgent de faire un peu de pédagogie sur le sujet des salaires des joueurs de football professionnels. Nombreux sont celles et ceux qui les jugent trop importants. C'est une erreur. Les revenus des joueurs de football, y compris les plus élevés, ne sont pas « trop importants » du point de vue de la cohérence économique. Ils peuvent sembler immoraux à certains, mais ils sont économiquement « raisonnables ». Pour la première fois, un intellectuel français a fait l'effort de répondre à cette question centrale. Il s'appelle Vincent Bénard, il est ingénieur diplômé de l'École nationale des travaux publics, spécialiste des technologies de l'information et de la communication, matière qu'il enseigne à l'université Paris IX-la Sorbonne.

Voici donc, en quelques lignes, un « petit traité économique du football à l'usage des non-connaisseurs qui ressassent toujours les mêmes propos convenus sur le roi des sports ». Vincent Bénard nous propose de prendre l'exemple d'un club de football professionnel (le raisonnement est aussi valable pour une équipe de basket NBA, voire une production de cinéma), et de considérer la saison 2005-2006 du championnat de France : « Chaque saison, le club affronte une compétition féroce, dont le public ne retient que les premiers. Arriver en tête de son championnat lui assure une participation à

199

la Ligue des champions, génératrice de revenus élevés de la part des télévisions, et susceptible d'augmenter considérablement les ventes de billets et de produits dérivés. Que le club n'arrive que troisième, et il devra affronter un tour préliminaire risqué ; qu'il termine la saison au pied du podium et il devra se contenter de la coupe de l'UEFA. Sans parler du désastre financier que représenterait une relégation en division inférieure. Or souvent, la différence entre les clubs classés en tête et en quatrième position est ténue. Certes, Lyon a dominé le championnat 2006, mais les titres ne sont pas toujours gagnés avec une marge aussi élevée. » Intéressons-nous à Bordeaux, Lille et Lens, arrivés respectivement second, troisième et quatrième la saison dernière.

Notez l'importance du nombre de matchs nuls et la faiblesse relative de l'écart entre les buts encaissés et les buts marqués : la plupart des victoires de ces clubs sont acquises avec un but d'écart. Si la défense particulière-ment solide de Bordeaux avait encaissé six buts supplé-mentaires (soit autant que celle de Lille) par la faute de joueurs « un peu moins bons », cela aurait transformé trois victoires en matchs nuls et trois matchs nuls en défaites. Soit neuf points de moins, ce qui aurait mis

Résultats du championnat de France de football 2005-2006

Clubs (classement)	Points	Victoires	Matchs nuls	Défaites	Buts marqués	Buts encaissés	Qualification européenne
Bordeaux (2e)	69	18	15	5	43	25	Ligue des champions
Lille (3e)	62	16	14	8	56	31	Tour préli-minaire de la Ligue des champions
Lens (4e)	60	14	18	6	48	34	Coupe de l'UEFA

Bordeaux à égalité avec Lens. « Mais imaginons maintenant, reprend Vincent Bénard, que le joueur clé qui a solidifié la défense bordelaise ait joué à Lens, et y ait eu une influence simplement moitié moindre de celle qu'il a eue à Bordeaux. Le club nordiste aurait pu encaisser trois buts de moins, transformant une défaite en match nul, et un nul en victoire : il se serait donc retrouvé en seconde position, devant Lille, Bordeaux finissant quatrième. Les mêmes raisonnements peuvent évidemment être tenus vis-à-vis de la qualité offensive des équipes. On voit donc que la différence de classement entre un club qui peut jouer la Ligue des champions et un autre qui sera relégué en coupe UEFA, nettement moins rémunératrice, se joue à très peu de chose : sur une saison de 38 matchs, la différence entre le paradis et le purgatoire se joue à 5 ou 6 buts près, et parfois moins. L'expérience montre que les clubs qui se maintiennent durablement au sommet sont ceux qui attirent chaque saison des joueurs fortement cotés sur la scène internationale. Un club "formateur" peut réussir un coup et coiffer sur le poteau ses adversaires "riches" avec une équipe de jeunes talents peu chers. Mais l'histoire montre qu'il ne rééditera pas l'exploit par la suite et que ces situations sont l'exception. Sur la durée, Lyon et l'OM gagnent plus de titres qu'Auxerre et Nantes, Arsenal et Manchester United ont gagné bien plus de trophées que les Blackburn Rovers. »

Revenons à la démonstration de Vincent Bénard : « La règle veut que, pour réussir durablement, un club doive se mettre en capacité de faire signer les joueurs qui permettront de marquer 5 ou 6 buts de plus et d'encaisser 5 ou 6 buts de moins que les concurrents les plus proches. Et voilà pourquoi une star comme l'ancien joueur d'Arsenal, Thierry Henry, peut signer des contrats bien plus juteux que l'avant-centre pourtant valeureux d'un club de milieu de tableau de première ligue anglaise.

La différence de salaire entre les "stars" et les joueurs simplement "très bons" ne s'explique pas autrement : le club met en regard l'avantage marginal (important) que le grand joueur peut potentiellement apporter, avec ce qu'il peut payer et ce que ses concurrents sont prêts à payer pour ce joueur. Vaut-il mieux payer le meilleur avant-centre du moment 6 millions d'euros ou un joueur capable de marquer 25 % de buts en moins pour 1 million d'euros ? Selon les ambitions du club, la réponse sera différente, mais Arsenal, Chelsea et Manchester United n'hésitent pas et choisissent la première option.

Ainsi, Thierry Henry et ses 20 à 25 buts annuels en championnat coûtent beaucoup plus cher par but marqué que l'avant-centre d'une équipe de milieu de tableau, qui plafonne à 15, mais est payé à peu près cinq fois moins cher. Cependant, le club acheteur ne regarde pas le ratio "coût par but marqué" mais compare l'avantage marginal engendré par chaque but potentiel supplémentaire, et aligne les zéros en conséquence. Le même raisonnement s'applique pour expliquer la différence de salaire entre l'attaquant vedette et le jardinier (ou entre Julia Roberts et le projectionniste) : la qualité de la pelouse influe somme toute assez peu sur les rentrées d'argent futures du club, la qualité de l'avant-centre, si. » Merci Vincent Bénard pour cette contribution exemplaire que devraient lire en premier lieu les journalistes footophobes.

Et les journalistes ? Sont-ils aussi clairvoyants ? Selon un sondage publié en 2002 par l'hebdomadaire *Marianne,* 6 % seulement des 37 000 journalistes français votent à droite. Y aurait-il un lien de causalité entre l'idéologie dominante, ancrée à gauche, et la vision que cette profession offre des entreprises, du capitalisme, de la mondialisation, de l'économie, de l'argent, des riches ? Les Français n'entendent parler de l'entreprise qu'en cas de plan social, d'OPA hostile, de situation sociale dramatique, ou lorsque les revenus du P-DG font scandale. Apeurer le lecteur en invoquant la « dictature des marchés », flatter ses bas instincts en dénonçant la loi des actionnaires est plus vendeur qu'un papier explicitant la différence entre un fonds de pension et un fonds d'investissement. L'émotion l'emporte souvent. *Paris-Match,* en juin 2007, titre : « Un patron assassiné par les patrons. » L'hebdomadaire nous raconte l'histoire de Pierre Jallatte, un Cévenol qui créa en 1947 son entreprise près de Nîmes. « Tout ira bien jusqu'aux années soixante-dix, écrit Daphné Mongibeaux. Le fondateur, très atteint par la mort de son fils, met l'entreprise en vente. Les acheteurs se succèdent : Revillon, André, Eterni'Tex. En 2000, l'entreprise, devenue leader européen, intègre le groupe Jal, dirigé par l'Italien Giovanni Falco. » Pierre Jallatte a démissionné de son poste de président en 1983, mais il est affecté de voir que le site de Saint-Hippolyte-du-Fort passe de 900 salariés à 148.

« Une spirale infernale qui rongeait Pierre Jallatte, reprend *Paris-Match.* Quatre jours avant sa mort, il avait rendu visite à Georges Argeliès, 75 ans, son ancien directeur : "Il m'a dit préférer mourir que de voir mourir son entreprise." Selon lui, Pierre Jallatte ne s'est pas suicidé mais a été "assassiné par les actionnaires". » Triste fait divers, dont il est normal de parler dans la presse. Pourtant, entre les lignes, on reconnaît la petite ritournelle sur le capitalisme cruel et mortifère : économie de marché, ton univers impitoyable ! Car c'est bien de la remise en cause du capitalisme dont il s'agit encore et toujours. Quand *Le Monde* titre « Le libéralisme en échec », *Libé* se pose la question de « La fin de la Bourse ? » et *Le Figaro* s'interroge « Faut-il sauver le capitalisme ? ». Et l'on ne compte plus les articles qui annoncent avec une certaine délectation la fin du libéralisme dominant !

Depuis le temps d'ailleurs que l'on annonce sa mort, on devrait prendre conscience de l'étonnante vitalité d'un système qui n'en finit pas de mourir pour mieux s'adapter et évoluer. En vertu du bon vieux principe édicté dans les rédactions : « on donne au lecteur ce qu'il veut lire », on peut admettre que la presse généraliste n'ait jamais entrepris de redorer le blason du monde de l'entreprise, de l'actionnariat, et plus généralement du capitalisme. Dans le monde de la télévision, seule LCI attribue à l'économie l'importance qu'elle n'aurait pas dû perdre. Que les nombreuses chaînes publiques se soient si modestement intéressées à ce sujet demeure un mystère... Pourtant, dans les chaînes d'État que compte la France, les journalistes ne manquent pas : il y en a plus à France 3 qu'à CNN.

Et la presse économique ? Quel paradoxe ! Les journalistes économiques devraient militer pour modifier la vision infantile que les Français ont de leurs entreprises. Ils devraient œuvrer pour que l'État desserre le carcan fiscal, social et juridique actuel. Ils devraient foisonner, imaginer, offrir une vision prospective audacieuse, singulière. Le courage aurait été de distiller le minimum nécessaire de pédagogie économique avant que nous n'arrivions au constat de ce naufrage de la connaissance. Être courageux, c'est cesser de rejeter sottement sur le marché tous les maux de la planète. Être courageux, c'est expliquer que ce n'est pas le capitalisme qui est imparfait, c'est le monde. Être courageux, c'est dire que la redistribution n'a jamais amélioré le sort des plus pauvres. Être courageux, c'est expliquer que si les pays riches veulent vraiment aider les pays pauvres dans ce domaine, il faut qu'ils cessent de protéger leurs marchés : on ne peut pas éternellement s'apitoyer sur le sort des pays pauvres tout en cherchant à s'en protéger en fermant nos frontières à leur production. Être courageux, c'est rappeler les vraies raisons qui poussent les chefs d'entreprise à délocaliser. Être courageux, c'est répéter que ce ne sont pas les ministres qui créent des emplois et les patrons qui sont responsables du chômage. Être courageux, c'est expliquer qu'un patron qui quitte la France ne part pas seulement avec ses capitaux. Il emporte avec lui ses idées, son expertise d'entrepreneur, son savoir-faire.

10

Une émigration française

« Être résident dans un pays où on ne
subit pas la même pression fiscale qu'en
France me permet de me sentir plus tranquille. »

Amélie Mauresmo.

C'est à un étrange rendez-vous que je me rends en ce
mois de juillet 2007. Damien G. n'est pas le jeune patron
pressé que j'imaginais. Ce matin-là, à Londres, je le
trouve même très calme à la Maison du caviar, près de
South Kensington, où je le rejoins avec un bon quart
d'heure de retard. « Le révolté fiscal vous salue bien ! »
me lance-t-il avec un large sourire. Ce jeune homme
d'affaires vient de quitter la France, deux mois après
l'élection de Nicolas Sarkozy. Cet exil ne manque pas
de m'étonner. « En fait, mes valises étaient prêtes. J'ai
attendu pour voir, me lance-t-il avec une moue de dépit.
Mais comme beaucoup de chefs d'entreprise, je suis
déçu. La détaxation des heures supplémentaires et les
quelques mesures qu'il va initier ne sont pas la révolution économique que nous attendions. Il est clair que
Sarkozy ne sera jamais le Thatcher ou le Blair français.
Il est désormais certain qu'il ne se passera rien de significatif pour les chefs d'entreprises moyennes comme moi.

Alors j'ai fait comme les copains, je suis parti. On peut me reprocher tout ce que l'on voudra, mon incivisme, ma lâcheté... Je ne reviendrai pas. Je suis français. J'adore mon pays. La gastronomie, le bon vin, Paris et mon Sud-Ouest me manquent déjà. Je laisse toute ma famille à Toulouse... Mais nous sommes allés trop loin dans l'obsession administrative, réglementaire, fiscale. Jusqu'à aujourd'hui, reprend-il sérieux, chaque année, du 2 janvier au 30 juillet, je me levais et j'allais travailler pour payer diverses contributions à l'État. Tous ces mois consacrés uniquement à l'État ! Du point de vue philosophique, cela me semble exagéré. Je commençais à engranger mon premier euro aux alentours du 1er septembre. Vous m'expliquerez sans doute que j'ai tort, mais nourrir la République pendant tout ce temps, à chaque heure, à chaque minute de la journée, c'est démotivant et injuste. Ce n'est pas moi qui n'aime plus la France, c'est elle qui ne m'aime plus. »

Les riches qui prennent la poudre d'escampette sont-ils des traîtres à la patrie ? Le fait est là : des centaines de milliers de Français ont choisi l'exil fiscal. Ce n'est pas nouveau dans notre pays, mais c'est plutôt incongru pour une grande nation. Ce genre d'émigration est plus fréquent dans les pays en voie de développement que chez un membre du G8... Chaque année, le débat revient sur le devant de la scène. On se souvient de la polémique lancée par l'exil fiscal du célèbre mannequin Laetitia Casta, il y a quelques années. En 2007, c'est le plus célèbre des Français qui a mis le feu aux poudres en s'exilant à Gstaad en Suisse : le contribuable Jean-Philippe Smet, alias Johnny Hallyday. Dès qu'elle fut rendue publique, la trahison fiscale de l'idole des jeunes et de leurs enfants provoqua l'ire des gens de droite comme de gauche. Elle révéla surtout une épouvantable réalité : chaque jour, deux évasions fiscales de ce genre se produisent en France. Quelque temps après l'icône de la variété française, c'est Olivier Widmaier Picasso, petit-fils du peintre, qui prenait officiellement ses quartiers en Belgique. À l'automne 2007, Christine Lagarde, depuis Bercy, faisait du retour des exilés – et de leur fortune – l'une de ses priorités. Le PS, lui, avait déjà réagi. Avant l'élection présidentielle, l'ancien ministre des Finances, Dominique Strauss-Kahn, avançait, dans le rapport sur la fiscalité que lui avait commandé Ségolène Royal, la proposition suivante : « Il n'est plus acceptable que des citoyens français parviennent à échapper à l'impôt en s'installant hors de France. Nous proposons de définir une contribution citoyenne qui sera payée en fonction de ses capacités contributives par tout Français établi à l'étranger et ne payant pas d'impôt en France. »

Le sujet devint rapidement central pendant et après la campagne. À Brice Hortefeux qui, au soir du second tour des élections législatives de juin, promit d'agir pour donner envie aux Français de rester, le socialiste Jean-Marie Le Guen rétorqua : « Je ne trouve pas très glorieux pour la politique française qu'on coure après des citoyens qui ont quitté la France pour échapper à la pression fiscale. » Le comédien Bruno Solo s'insurge aussi contre les militants de l'exil. Pour lui, accepter la fiscalité fait partie du métier de riche : « Cela ne me viendrait jamais à l'idée de m'expatrier. Quand j'ai reçu ma feuille d'impôt, la première année de *Caméra Café*, j'ai compris ce qu'était la fiscalité française. Sur 100 euros, j'en reversais 60. Au départ j'étais atterré. Mais il me restait tout de même 40 euros, alors que mon voisin qui ne gagne pas sa vie avait dix fois moins. 40 euros, me suis-je dit, c'est bien pour vivre. Certes, il y aurait peut-être moyen de réfléchir à cette fiscalité, faire en sorte que ceux qui génèrent de l'emploi, de la croissance, soient moins taxés que les spéculateurs. Mais on peut discuter de cela en évitant l'écueil poujadiste. J'ai horreur des visions manichéennes qui sont montrées dans les émissions comme *Combien ça coûte ?* de Jean-Pierre Pernaut. Moi, je paie mes impôts, et je veux croire aussi que c'est ce qui a fait que mon pays a développé des infrastructures, des hôpitaux, des crèches. J'aurais honte de quitter le pays. Je ne veux pas uniquement être une machine à profit qui dit : j'ai engrangé cet argent à la sueur de mon front, je n'ai aucun compte à rendre à personne. »

Même si la gauche avait gagné l'élection présidentielle, la proposition de DSK aurait eu peu de chances de voir le jour car elle est illégale... Elle en dit long cependant sur l'état d'esprit d'un PS prêt à instaurer un impôt pour la patrie – un impôt du sang ? Rappelons juste à l'édile socialiste que son idée est contraire aux principes de la Constitution française, à la libre circulation des personnes au sein de l'Union européenne et qu'elle revient à punir un citoyen qui exerce un droit reconnu par les traités et qui paye l'impôt dans son pays de résidence. On se demande pourquoi DSK ne propose pas tout simplement de déchoir ces mauvais Français de leur nationalité. Car au fond, au nom de quoi le restaurateur français installé à Los Angeles, le créateur de mode travaillant à Anvers, le chimiste installé à Londres, le cadre détaché à Cologne, le programmateur informatique œuvrant à Barcelone paieraient-ils une contribution à la mère patrie ? La quasi-totalité de ces citoyens sont à l'étranger non pour fuir l'impôt, mais par choix professionnel ou parce qu'ils n'ont pas trouvé d'emploi en France. Grégoire, 32 ans, diplômé de l'IUP de Marne-la-Vallée, est manager d'un hôtel en Argentine : « Ces dernières années, j'ai déjà fait deux ou trois jobs à l'étranger. Tout le monde a un avis sur les Français. Ils nous savent râleurs, bohèmes, incapables de parler convenablement l'anglais, souvent en retard, individualistes... Mais il y a une chose qu'ils apprécient pardessus tout, c'est notre sens créatif et notre esprit managérial. » La liste est longue des multinationales désireuses d'accueillir des Français dans leurs rangs : Nokia, Google, Philips, Accor, Adidas, BMW, Bouygues Construction, BP, Carrefour, Hilton, JP Morgan, Microsoft, Procter & Gamble, Yahoo !...

Jacques Marseille, dans *Les Bons Chiffres pour ne pas voter nul en 2007*, nous offre une explication probante de ce phénomène migratoire : « Voici les sommes versées pour qu'un cadre supérieur puisse disposer d'un revenu après impôt de 68 602 euros. Ainsi, pour un célibataire, il faut ajouter à ce qui lui restera "dans les poches" l'impôt qu'il paiera sur le revenu, les charges sociales qui seront prélevées sur son salaire brut et les charges sociales que paiera son employeur, soit au total 221 692 euros ou une dépense mensuelle de 18 475 euros. Pour un couple avec deux enfants, la ponction se monte à 14 475 euros. Au Royaume-Uni, pour un revenu disponible identique, le célibataire requiert 9 440 euros par mois et le couple 9 013. Ces chiffres éclairent de manière aveuglante le risque de délocalisation de toutes les activités à forte valeur ajoutée facilement transférables à l'étranger : banques, assurances, conseil, recherche & développement, activités juridiques, marketing, publicité, création. Pour un même salaire net, en effet, la dépense employeur est comprise entre une fois et demie à près de deux fois le niveau atteint en Allemagne ou au Royaume-Uni. Le risque de nomadisme fiscal concerne d'abord les célibataires qui, en matière de logement ou d'éducation, ont moins de contraintes que les couples mariés avec des enfants.

L'écart est d'une telle ampleur entre pays voisins que la tentation est particulièrement forte. On comprend mieux, ainsi, les Français à haut potentiel travaillant au Royaume-Uni. On comprend mieux pourquoi nos voisins rejettent de manière catégorique toute notion de coordination fiscale en Europe. »

Ma tournée des popotes londoniennes me mène assez rapidement à Jean-Christophe C., un ancien copain de faculté que j'ai perdu de vue depuis quinze ans. Malgré quelques cheveux gris, mon vieux camarade, plutôt effacé sur les bancs de la Sorbonne, affiche une forme resplendissante. Il dispose d'un coach qui lui fait faire du sport chaque mardi et jeudi à l'heure du déjeuner. Jadis fan des Clash et des Jam, ce riche businessman français de 43 ans continue à afficher une décontraction typiquement glamrock : jeans étroits, Nike dernier cri, et surtout Aston Martin DB9 dernier modèle, plus chère que mon appartement... Mon vieux complice Jean-Christophe a quitté la France en juin 2004 et vit à Londres, dans le quartier huppé de Chelsea, où il a choisi d'installer sa société de négoce de matières premières. « J'ai créé mon entreprise en 1996, en région parisienne. Je ne veux pas te sembler parano, mais en France, j'avais le sentiment d'être un paria. Tout était fait pour amener de la contrainte, de la difficulté, sans discernement. Chaque matin, je me levais avec la certitude que l'administration ou l'État allait inventer un nouveau truc pour entraver ma croissance. C'était souvent le cas. J'avais ce sentiment confus que, comme chef d'entreprise, j'étais de toute façon victime du délit de sale gueule. Le problème pour moi, c'était plus l'état d'esprit de l'administration française que sa maladie paperassière. Honnêtement, je suis parti car je n'acceptais pas la posture intellectuelle qui tendait à considérer qu'un chef d'entreprise est un veinard riche et qu'à ce titre il est normal de le surtaxer. Un chef d'entreprise est un pauvre qui devient riche. Il ne devient pas riche par hasard, il devient riche en travaillant comme un damné. C'est un petit héros du quotidien, un type qui a créé de la croissance, de la richesse pour son pays, et accessoirement des emplois – 41 en ce qui me concerne. S'il fait bien son boulot, comme dans la plupart des entreprises, le chef d'entreprise crée du bonheur... C'était plutôt mon cas et je trouvais qu'en retour, j'étais vraiment mal gratifié par un État soucieux uniquement de réduire les inégalités de la façon la plus absurde qui soit : en taxant le méchant riche pour donner au gentil pauvre. Car j'ignore comment est devenue la France de Sarkozy, mais celle que j'ai quittée était aussi stupidement manichéenne. D'ailleurs, c'est une hypocrisie de ne pas le dire. La plupart de nos sportifs ont fait le choix de résider hors de France, c'est la même chose pour les chefs d'entreprise. Lorsqu'en 2000 j'ai ouvert mon premier bureau à Londres, j'étais venu pour une semaine, sans idée derrière la tête. Mais au bout de quelques jours, constatant la différence de traitement avec l'administration française, l'idée a germé : Et si j'allais m'installer chez les Anglais ? À Londres, tout était fait pour faciliter, simplifier. Trois mois après, j'arrivais. » Parti avec son épouse et ses deux enfants, Jean-Christophe a aussi réussi à entraîner outre-Manche quelques proches, dont son chauffeur. « Pour l'instant, je trouve ça épatant. Je gagne de l'argent et surtout de la considération. Je me souviens du portrait que la presse française faisait du Royaume-Uni. Un pays où le service public est en lambeaux, où une nouvelle pauvreté côtoie de riches blasés. Quelle désinformation ! L'Angleterre est un pays vigoureux, incroyablement jeune. La pauvreté y est beaucoup moins dramatique qu'en

France où l'on croise des SDF partout, à Paris, dans les grandes villes de province, et même désormais dans les petites communes... Et pourtant l'Angleterre attire beaucoup plus d'immigrés que la France. Mais la situation de plein-emploi gomme des inégalités qui pourraient être flagrantes ailleurs. En France, je payais mon chauffeur 2 800 euros bruts par mois. Aujourd'hui je suis obligé de le payer l'équivalent de 4 100 euros car le Royaume-Uni est une terre de plein-emploi, et si je ne lui offre pas le maximum d'argent, de gentillesse et d'opportunités de carrière, il partira sur-le-champ de l'autre côté de la rue où il trouvera des conditions conformes à ce qu'il recherche. En clair, cette délocalisation m'a fait économiser beaucoup d'argent... sauf avec mon chauffeur. On quitte souvent son propre pays à contrecœur, quand les raisons matérielles l'emportent sur les raisons sentimentales. Crois-moi, les Français expatriés que je rencontre à Londres adorent la France ; mais ils sont tous partis pour les mêmes raisons que moi : le manque de considération. L'envie d'un monde facile, normal, honnête. Jamais je ne reviendrai en France. Revenir, ce serait un truc masochiste. »

Pour Jean-Louis Caccomo, « le harcèlement fiscal et réglementaire a déjà détruit le tissu français des petites et moyennes entreprises et de l'économie artisanale. Il a ensuite plongé une partie de l'activité dans l'économie parallèle (notamment dans le bâtiment et le tourisme). Il nourrit maintenant la délocalisation du capital financier, du capital humain et des grandes entreprises. Quand il n'y aura plus d'entreprises viables sur le territoire, l'État aura-t-il toujours la prétention de reclasser tout le monde par "solidarité" ? Il est vrai que même les joueurs de football n'aspirent qu'à partir de France. Chacun le sait, une carrière prestigieuse ne se conçoit que hors de nos frontières. Rester, s'est s'enterrer en 2e division. Les joueurs anglais, allemands, italiens, espagnols ne jouent jamais dans des clubs français. Alors que nos joueurs n'aspirent qu'à jouer dans ces championnats étrangers. Certains acteurs du football français, comme à peu près tous les secteurs économiques, réclament une baisse des prélèvements obligatoires. Les charges sociales et fiscales des clubs, la fiscalité personnelle des joueurs sont colossales. Un joueur percevant un revenu net annuel de 1,8 million d'euros, correspondant à la rémunération d'un international, atteindra un "coût total employeur" de 3 350 000 euros au Royaume-Uni et en Espagne, et 3 370 000 en Italie et en Allemagne. Le "coût total employeur" sera en France de 5 367 566 euros... »

Un indicateur de qualité concernant un pays où il fait bon vivre est donné par le flux migratoire : il y a deux fois plus de demandes dans les services d'immigration de Grande-Bretagne qu'en France, toutes origines confondues. Le quotidien britannique *The Guardian* publiait récemment des estimations de l'Office for National Statistics, selon lesquelles 15 000 Français, surtout jeunes et très qualifiés, s'installeraient au Royaume-Uni – à Londres, pour l'essentiel – chaque année. Selon les statistiques anglaises, la population française au Royaume-Uni dépasserait les 400 000 personnes, largement au-delà de l'estimation française de l'Insee (85 000 en 2002). Première observation de l'étude menée par les Britanniques : ces jeunes ne semblent pas pressés de rentrer en France, sauf pour y vivre leur retraite, un peu comme les Britanniques qui s'installent dans nos campagnes. Il est vrai que ces chiffres ont de quoi inquiéter. Je me suis livré à un petit travail arithmétique. Considérons ces 15 000 jeunes Français hautement qualifiés qui migrent chaque année vers le Royaume-Uni, ajoutons-y les 5 000 Français qui chaque année vont s'installer aux États-Unis. Cela donne un total de 20 000. À titre de comparaison, la France produit chaque année 25 000 ingénieurs, 25 000 diplômés d'écoles de commerce et 8 000 docteurs. Beaucoup soupçonnent que nos 20 000 émigrés se situent plutôt dans la moitié supérieure. Si ce phénomène devait se stabiliser, ce serait donc près de la moitié de nos « très diplômés » qui quitteraient la France chaque année vers le monde anglo-saxon. Car les riches ne sont pas les premiers candidats à l'exil – la plupart préfèrent la Suisse, la principauté de Monaco ou bien les archipels paradisiaques. Ce sont les jeunes en quête de travail et les créateurs d'entreprise qui migrent le plus. Récemment, l'Institut français pour la recherche sur les administrations publiques (Ifrap) a mené sa propre enquête auprès du Charles Peguy Institute à Londres, un établissement qui accueille les Français désireux de s'installer au Royaume-Uni. L'objectif affiché de cet Institut est d'aider ces jeunes Français à trouver des logements et des emplois. Il s'agit d'une véritable structure d'accueil par laquelle passent environ 7 000 de nos compatriotes par an, âgés de 18 à 30 ans.

L'étude fait apparaître que la quasi-totalité de ces Français sont des jeunes à la recherche de l'emploi qu'ils n'ont pas trouvé en France. Nombre d'entre eux concèdent avoir été déçus par les difficultés d'ascension sociale. Nous ne sommes plus dans le gai cliché des seventies, type « À nous les petites Anglaises ». Londres n'est pas une destination d'agrément, mais bien un eldorado pour migrants français qui veulent trouver du travail... Les statistiques du Charles Peguy Institute confirment que les jeunes qui se rendent à Londres constituent un échantillon bénéficiant d'une solide formation : 56 % de ces Français disposent a minima d'un bac + 2, 16 % ont au moins un bac + 5 et 4 % seulement n'ont pas de diplôme.

Que pensent les jeunes Français de l'Angleterre ? Ils constatent, toujours selon cette étude, que le délai moyen pour trouver un emploi est très bref : environ cinq jours, la plupart choisissant un premier travail pour assurer leur intégration. Ensuite, ceux qui le désirent, en général les plus diplômés, se mettent en quête d'un emploi plus qualifié qu'ils trouvent au bout d'une trentaine de jours.

L'Association démocratique des Français à l'étranger (ADFE), reconnue d'utilité publique, annonçait officiellement en 2006 que 1 268 524 Français étaient inscrits au registre des Français établis hors de France. Elle concédait dans le même temps qu'il y avait presque autant de Français non inscrits. Ce qui porte donc à 2,5 millions le nombre de Français vivant hors de nos frontières. Un exode considérable. Pourquoi ces citoyens ont-ils déserté la République ? Arrêtons-nous un instant sur ceux qui ont fait le choix de partir. En premier lieu, où vivent-ils ? Selon les chiffres de l'ADFE, ils se répartissent ainsi :
– 49,6 % en Europe de l'Ouest,
– 15,8 % en Afrique (8 % en Afrique francophone ; 6,7 % en Afrique du Nord ; 1,1 % en Afrique non-francophone),
– 13,1 % ont choisi l'Amérique du Nord (en premier lieu les États-Unis, essentiellement des travailleurs qualifiés. Mais on estime que leur nombre est beaucoup plus important : plus du double ne sont pas inscrits au registre des Français établis hors de France),
– 7,6 % sont au Proche et au Moyen-Orient (les Émirats arabes unis et le Qatar sont en forte progression),
– 6,2 sont établis en Amérique latine (avec trois pays dominants : l'Argentine, le Brésil et le Mexique),
– 5,8 % vivent en Asie et en Océanie (où il convient de noter une augmentation notable en Chine, en Inde,

au Pakistan, au Sri Lanka, à Singapour, en Thaïlande et
même en Mongolie),
– 1,7 % ont fait le choix de l'Europe de l'Est.
Deuxième question, quel est le profil social de ces
Français de l'étranger ? Contrairement au PS, l'ADFE a
mené un véritable travail destiné à mieux connaître ces
Français de l'extérieur. 9 sur 10 sont des immigrés en
long séjour. 52 % sont des femmes. 86 % de ceux qui
ont un emploi travaillent dans le secteur tertiaire et
constituent une population de plus en plus qualifiée.
3 Français de l'étranger sur 10 ont moins de 18 ans. Mais
64 % des jeunes Français d'âge scolaire ne fréquentent
pas les écoles du réseau de l'AEFE (Agence pour l'enseignement français à l'étranger), certains par choix, beaucoup par manque de moyens financiers. L'ADFE a
identifié une étonnante variété dans la sociologie de ces
exilés, qui ne manquerait pas de surprendre DSK.
L'échec scolaire, la pauvreté, les humiliations dans les
consulats sont souvent le lot quotidien de ces Français
dont 43 % seulement travaillent. On sait, après enquête,
que beaucoup sont dans l'incapacité de payer les cotisa-
tions, ne s'affilient pas à la Caisse des Français à l'étranger (CFE) et restent sans protection sociale, étant donné
les nombreux systèmes locaux défaillants. Les demandes
de bourses scolaires sont en progression constante et,
dans le même temps, beaucoup de Français sont amenés
à renoncer à l'école française, trop chère. Une situation
qui a amené l'ADFE à lancer un appel pour lutter contre
la précarisation d'un nombre croissant de Français de
l'extérieur.

Ainsi donc, les Français qui sont allés chercher du travail hors de France, là où l'emploi se trouvait, ne sont
pas nécessairement des privilégiés ? Les Français qui ont
délocalisé leur activité ne sont pas tous riches ? Il y aurait
même des chefs d'entreprise touchant des revenus

modestes ? Pourquoi insister sur la tentative avortée de DSK ? Parce qu'elle est symptomatique de la grande démagogie française. Et qu'il y a fort à parier qu'un jour, en d'autres circonstances, un projet de cette nature refera surface : on pourrait par exemple punir les entreprises ou leurs dirigeants qui ouvrent des filiales hors de France. Pourquoi ne pas interdire l'investissement à l'étranger ? Ou taxer les Français qui vont investir à l'étranger ? Allons plus loin : ne pourrions-nous pas surtaxer les produits étrangers importés en France afin de punir les mauvais Français qui les achètent ? Pourquoi ne pas taxer les Français qui vont dépenser leur argent à l'étranger pour leurs vacances ? La France n'est-elle pas l'un des plus beaux pays au monde ? Je me souviens d'un débat télévisé autour du CPE. Martine Aubry, avec le tact qu'on lui connaît, avait apostrophé un jeune chef d'entreprise : « Où sont les Antoine Riboud et les François Dalle de votre génération ? » Le jeune entrepreneur, sans se démonter, avait rétorqué : « En Belgique et en Suisse : ils ont tous vendu leur boîte à un fonds de pension... »

La France, champion mondial toutes catégories de la débrouille, a créé de véritables réseaux d'évasion fiscale. Rien de clandestin dans tout cela. Parlons plutôt de discrétion. Chaque jour, les banques françaises – celles-là mêmes qui abritent nos PEL et nos comptes courants – organisent ces exodes de riches, avec une maîtrise et une virtuosité sans doute imputables au côté répétitif de l'affaire. C'est que le riche veut partir par tous les moyens. Véritable Steve McQueen période *Grande Évasion*, il multiplie les stratagèmes pour échapper à ce qu'il vit comme un système aliénant et oppresseur : la République taxeuse... Nous sommes probablement là, dirait un sociologue, au cœur du génie français : même le riche a un côté Huggy les bons tuyaux, ou plutôt Dédé la débrouille. S'il ne part pas, il peut créer une architecture fiscale dont le but est de limiter les appétits voraces de l'administration : créer une société offshore dans un pays à fiscalité avantageuse n'est pas très compliqué. Il est possible de la mettre en place à peu de frais et, de surcroît, sans avoir à mettre les pieds dans ledit pays, à la condition de s'adresser aux bonnes personnes. Cela paraît incroyable, mais de multiples sites internet nous expliquent comment procéder. Lisez, par exemple, cet avertissement que l'on découvrait en 2007 sur la home page d'un site qui offre de faire connaître les avantages de différents paradis fiscaux :

« Première mise au point : si d'un abord fiscal, il peut être intéressant d'établir le siège social de son entreprise dans un pays à fiscalité réduite, voire nulle (comme par exemple l'État du Delaware aux États-Unis, ou les îles Vierges britanniques, dans lesquels l'imposition des sociétés offshore et des associés est égale à zéro), il convient de préciser que d'un point de vue social, on ne peut pas échapper aux charges sociales à payer (voir "précautions à prendre avant de créer"). »

Un peu plus loin :

« Attention, vous ne pouvez pas faire n'importe quoi. Récemment, des reportages nous ont montré une coiffeuse dont le commerce était installé en France, son siège social à Londres et elle payait ses charges sociales au Portugal. Les services fiscaux ne sont pas stupides : si vous habitez un pays (exemple, la France) et que vous n'avez aucun revenu déclaré, le fisc va, bien entendu, se poser des questions : comment pouvez-vous payer un loyer, l'électricité, le téléphone (portable ou fixe), ou encore posséder une voiture sans aucun salaire ? S'attribuer un salaire permettant de régler ces frais s'impose donc. Que vous habitiez en France ou dans un autre pays, le principe reste le même : pour travailler avec une société offshore, il vous faut nécessairement monter un bureau de liaison, une succursale, ou bien une entreprise à structure juridique locale. »

Édouard C. est un consultant discret, spécialisé dans la délocalisation discrète. Ce dandy délicatement féminin pourrait même être le fils de l'ancien Premier ministre dont il porte le prénom : même voix aigrelette, même gants de pécari. Sanglé dans un costume de velours beige à la coupe très anglaise, il fixe les limites dès le début de notre entretien : « Le prénom d'accord, mais le nom c'est non. Que mes clients me reconnaissent en lisant entre les lignes, je veux bien, mais c'est tout. Je ne suis pas un vendeur de voitures, alors surtout pas de pub. J'organise des délocalisations grâce au bouche à oreille. C'est long, compliqué, laborieux, socialement dangereux. Si ça rate, humainement, ça peut détruire une affaire, un business, un chef d'entreprise. » Pour mon interlocuteur, l'activité à délocaliser doit être légale : « On dit qu'une société est offshore lorsqu'elle a établi son siège social dans un pays dans lequel elle n'exerce aucun commerce et où les dirigeants responsables ne sont pas domiciliés. Une société offshore est donc une société non résidente. Pour bénéficier des avantages fiscaux offerts, elle s'interdit de travailler dans le pays dans lequel elle est installée et n'utilise absolument pas son économie : pas de main-d'œuvre locale, pas de financement en provenance d'une banque locale, pas d'aides publiques. » Profitant de la fenêtre qu'Édouard C. m'octroie dans son planning chargé de « délocalisateur », je presse mon discret interlocuteur de questions :

« La distance ne rentre pas en ligne de compte dans une domiciliation offshore ?

– Non, il n'y a aucun inconvénient à ce que le siège de votre société soit installé dans un pays aux antipodes, puisque jamais vous n'y mettrez les pieds, sauf éventuellement pour faire du tourisme. Dès l'instant qu'il s'agit d'offshore, vous pouvez tout diriger depuis votre pays d'origine.

— Qui vient vous voir ?

— Certains types d'entreprises, comme des sociétés de *B to B* sur Internet. Installer son siège social dans un pays à fiscalité intéressante est possible dès l'instant où l'activité est dématérialisée, comme la vente par Internet par exemple. Il ne faut pas que vous ayez une activité tertiaire : pas de locaux, boutiques, magasins, bureaux, ateliers. Ni une activité réglementée comme une agence de voyages ou une activité nécessitant un diplôme. Les activités artisanales ne sont pas possibles non plus. Je pense aux restaurants, magasins de vente, hôtels, activités de transport. En revanche, l'opération peut s'avérer fructueuse pour toute activité d'octroi de licences avec remontées de royalties, dépôt de brevets, dépôt de marques, propriétés de sites Internet, œuvres intellectuelles, droits d'auteurs, portefeuilles boursiers, ou même, dans le domaine de la prestation de services, comme la voyance, la vente de conseils, de prestations, l'import-export, les achats en gros, le commerce international... »

Le téléphone de mon interlocuteur sonne. C'est la même sonnerie que celle de la série *24 heures chrono*, le bureau de Jack Bauer, à la cellule antiterroriste de Los Angeles. Il me fait signe que l'entretien est fini. « Delocalisator » se lève et s'en va sans un sourire. Les affaires reprennent.

Mais la Grande-Bretagne n'est pas le seul Eldorado de ces jeunes Français. Nombre d'entre eux s'établissent aux États-Unis ou au Canada. Là encore, il n'est pas question de riches fuyant le fisc, mais bel et bien de 18-35 ans qui veulent travailler. Et puis, il y a la Suisse indolente. Au cœur de l'Europe, francophone, frontalière, élégante. On l'oublie trop souvent, alors qu'elle est la destination préférée des candidats au départ. Depuis juin 2004, d'ailleurs, les non-riches ont aussi le droit d'aller y prospérer. Désormais, les citoyens européens n'ont plus besoin d'un contrat de travail pour élire domicile en Suisse. Ils doivent uniquement prouver qu'ils peuvent subvenir à leurs besoins. Le nombre de millionnaires en Suisse a grimpé de 23 % depuis 1997. Cette hausse s'explique par l'arrivée de nouveaux immigrés dans ces cantons considérés comme des paradis fiscaux : Phil Collins, Shania Twain, Tina Turner, Michael Schumacher, Alain Delon, Boris Becker, Alain Prost ou Amélie Mauresmo, une des rares citoyennes françaises décomplexée sur le sujet de l'argent. Interviewée en 2007, elle fait montre d'une rare honnêteté : « Je peux comprendre que les Français ne soient pas d'accord avec ce genre de choix. Mais si on se met à ma place, on voit les choses différemment. Je joue au tennis depuis l'âge de cinq ans, j'ai fait beaucoup de sacrifices dans mon enfance et ma jeunesse pour en arriver là où j'en suis. Ma carrière n'est pas éternelle et, si mes revenus sont confortables, il ne s'agit pas d'une rente à vie. Après le tennis, il me restera quoi... quarante ou cinquante ans à vivre. Et qui sait de quoi sera fait mon avenir ? Alors, j'ai besoin de me rassurer, de me sécuriser pour toutes ces années à venir. Être résidente dans un pays où l'on ne subit pas la même pression fiscale qu'en France me permet de me sentir plus tranquille. » Le Suisse le plus riche est suédois. Ingvar Kamprad, fondateur du géant du meuble Ikea, habite le canton de Vaud. Le magazine économique *Bilan* évaluait sa fortune entre 15 et 16 milliards de francs suisses. Âgé de 78 ans, cet homme au train de vie modeste se décrit pourtant comme « sans fortune ». Son argent, il dit l'avoir entièrement placé dans la Fondation Ikea. Notons aussi qu'une bonne partie de la famille Peugeot s'est établie dans le canton de Vaud, à la tête d'une fortune de 5 à 6 milliards de francs suisses.

Le petit milieu des immigrés français en Suisse m'a rapidement conduit à Christo Farese, responsable d'une société zurichoise spécialisée dans l'assistance aux étrangers désireux de s'établir sur le territoire suisse. Son entreprise, Swiss Service, s'occupe de la logistique des riches immigrés : problèmes de logement, de travail, de fiscalité, d'investissements, de scolarité et même l'importation d'animaux domestiques... Elle a déjà fourni ses prestations à des immigrés de 30 pays différents. Ses clients les plus fréquents : « Je ne trahirai personne en disant que les plus nombreux sont les Français. Ceux qui s'installent le plus durablement sont les Anglais... Et les plus riches du moment, les Scandinaves. La clientèle française apprécie les rives suisses du lac Léman. C'est normal, ils sont très proches de la France d'un point de vue géographique mais également culturel. N'oublions pas que les Peugeot viennent de l'est de la France, à une heure trente de voiture de la Suisse. Pour eux, Genève est la villégiature rêvée pour vivre en paix. Ce qui impressionne de nombreux Français, c'est le sens civique que l'on rencontre en Suisse. Cet élément ne se manifeste pas seulement dans les clichés habituels relatifs à l'ordre, à la propreté et au respect de la nature : quelques-uns de mes clients ont été surpris de constater qu'en Suisse, les enfants saluent plus facilement les adultes. C'est un peu comme en France il y a cinquante ans, m'ont-ils dit, tout émus. »

Malgré son nom plutôt italien, l'homme parle un français parfait avec un fort accent germanique : « La grosse différence entre les Français et les autres, reprend Christo Farese, c'est que vos compatriotes sont les seuls à me demander une totale confidentialité lorsque je les installe en Suisse. Comme s'ils avaient honte de venir vivre dans notre pays. Aucun de mes nombreux clients anglais, suédois, américains, italiens ne m'a jamais demandé de signer une clause de confidentialité, comme le font les Français. » Non sans humour, le Suisse conclut : « Vous, les Français, vous faites la chasse aux riches et vous vous étonnez qu'ils s'en aillent. Vous êtes les seuls chasseurs au monde à vous étonner de voir fuir le gibier. »

11

Un pays presque pauvre

« La France, c'est les Deux-Sèvres ! »

Louis-Ferdinand Céline.

Le dirigisme appauvrit toujours les peuples. Sauf dans les légendes. Regardons Louis XIV : « L'État c'est moi », aurait dit un jour le Roi-Soleil. Peu d'historiens s'accordent à lui reconnaître ce mot. En revanche, à l'agonie, le 1er septembre 1715 à midi, il a murmuré : « Je m'en vais, mais l'État demeurera toujours. » Quel État ? Et surtout dans quel état ? Au début du règne de Louis XIV, l'Angleterre n'existait pas : elle était un petit royaume modestement peuplé. Cependant, elle s'engagea dans un développement libéral. Sur tous les plans – économique et politique. À la mort de Louis XIV, son PIB par habitant, reconstitué par nos historiens de l'économie, devançait celui des Français de près de 40 %. Il suffit, pour connaître le véritable visage de la France louis-quatorzienne, de lire cette lettre rédigée à l'intention du Roi-Soleil en 1694 par Fénelon : « Vos peuples meurent de faim. La culture des terres est presque abandonnée ; les villes et la campagne se dépeuplent ; tous les métiers languissent et ne nourrissent plus les ouvriers. Tout commerce est anéanti. Par conséquent,

227

vous avez détruit la moitié des forces réelles du dedans de votre État pour faire et pour défendre de vaines conquêtes au-dehors. »

La France étatiste a vécu. Elle est devenue « ce pays riche avec trop de pauvres » dont nous parle Lionel Jospin dans *Le Temps de répondre*. Aujourd'hui, le modèle n'attire plus. Les entreprises, les entrepreneurs, les investisseurs lui préfèrent nos voisins européens. Grands, petits, riches ou en devenir, ils nous passent tous devant ! En juin 2007, les riches investisseurs étrangers se sont discrètement réunis à La Baule pour le Forum sur l'investissement international. Les chiffres annoncés ont glacé les observateurs français présents ce jour-là... Au baromètre Ernst&Young de l'attractivité, la France ne progresse que de 5 % quand la moyenne européenne est de 15,2 %. Par rapport à l'an passé, 5 % d'entreprises étrangères supplémentaires ont choisi la France. Ce chiffre est de 62,8 % pour la Roumanie. Considérons les grands d'Europe : l'Allemagne (57,1 %), la Suisse (46,2 %), l'Espagne (55 %), le Royaume-Uni (22,7) font bien mieux que nous ! Au coude à coude avec la Tchéquie, la France a vraiment de quoi déprimer. Quand une implantation d'entreprise étrangère crée 70 emplois en Allemagne, 400 en Slovaquie ou en Roumanie, ou encore 101 en moyenne en Europe, elle ne génère que 53 emplois en France. Selon un sondage réalisé en 2007 par l'institut CSA, 64 % des chefs d'entreprise interrogés préfèrent poliment ne pas répondre à la question : « La France est-elle toujours aussi attractive ? » Vous auriez beau jeu de penser que ces chiffres calamiteux consacrent la montée en puissance de l'Europe de l'Est. Pas seulement, car la France se situe très en deçà de ses voisins traditionnels : l'Allemagne ou le Royaume-Uni.

J'ai beau compulser mes manuels, relire l'effondrement de l'Empire ottoman surnommé au XIXe siècle « l'homme malade de l'Europe », aussi loin que je me souvienne, jamais déclin ne fut aussi spectaculaire que celui opéré par la République française au XXe ! Affirmons-le, disons-le, car une maladie assumée est plus facile à combattre : la France a emprunté le grand toboggan de l'histoire tout au long du XXe. Les Trente Glorieuses et le gaullisme ont certes donné l'illusion que l'inexorable processus était contenu. Ce cache-misère n'y a rien changé : notre pays, qui fut, voici cent ans seulement, la première ou la seconde puissance mondiale au côté du Royaume-Uni, n'est plus grand-chose. « La France, c'est les Deux-Sèvres », raillait déjà Céline après-guerre. Aujourd'hui c'est vrai. Au risque de passer pour un déclinologue, clamons que la France est un petit pays, « ça va mieux en le disant », dit la sagesse populaire.

« Le drame c'est notre relation à l'argent, commente Me Cornette de Saint-Cyr. Elle est nuisible. Dans le domaine de la création contemporaine, Paris était le centre du monde. Les artistes du monde entier venaient se faire sacrer dans la seule place artistique qui comptait : la France. Les musées américains se remplissaient des œuvres européennes et en particulier françaises. Nous avons été les maîtres du monde. Dans les années soixante, la plus grande maison de ventes aux enchères du monde était l'étude Ader. Elle faisait le chiffre d'affaires de Sotheby's et de Christie's réunis ! Désormais, depuis que nous nous sommes enfermés, ces deux maisons anglo-saxonnes font à elles seules le double du chiffre d'affaires de toutes les ventes françaises. »

Comment se réveille-t-on après un siècle de dégringolade ? Cela commence en mars 2001 par une désagréable gueule de bois. Dans l'avion qui le transporte vers

Stockholm, pour un sommet européen, Jacques Chirac n'en croit pas ses yeux : dans l'Union, seuls les Grecs, les Portugais et les Espagnols produisent moins de richesse par habitant que nous – ces derniers ne manqueront pas, d'ailleurs, de nous dépasser. C'est ce qu'indiquent les statistiques de l'agence européenne Eurostat qui a classé les pays selon leur produit intérieur brut par habitant, ajusté en fonction des standards de pouvoir d'achat. Cette fois, la monnaie unique rend les comparaisons inattaquables. Médusé, le président français demande à Bercy de faire une étude sur le sujet... Valéry Giscard d'Estaing est l'un des premiers à rompre timidement la loi du silence : « En termes de PIB par habitant, [...] nous avons reculé au cours des dernières années. Il existe donc une perception collective inexacte de la place de la France. » Dans le même temps, la France n'est dépassée que par la Belgique et la Scandinavie pour le taux des prélèvements obligatoires. Du coup, on se prend de passion pour les statistiques et les analyses comparées. En ce début de millénaire, 61,7 % seulement des Français de 15 à 64 ans travaillent, ce qui situe la France au 11e rang, derrière le Royaume-Uni (71,2 %) et l'Allemagne (65,3 %) : « Le peu de Français qui travaillent bossent pour les autres, ce qui fait une moyenne par habitant faible », résume crûment un fonctionnaire de la Commission.

Du coup, les mouches changent d'âne : l'Irlande, ancien mauvais élève, concentre l'attention. Cette tête de pont des investissements américains en Europe, qui offre une fiscalité attractive, s'est envolée de la 12e à la 3e place. Une réussite d'autant plus méritoire qu'au grand jeu du classement des Européens performants, il est plus difficile et plus long de s'enrichir que de s'appauvrir. Gardons en mémoire le proverbe espagnol que citait au XIXᵉ l'écrivain John Collins : « Du pauvre au riche, deux mains ; du riche au pauvre, deux doigts. »

Revenons à notre gueule de bois. Ce sondage, au lieu de faire réagir la douce endormie, l'a plongée dans une somnolence plus profonde, genre Belle au bois dormant. Commentaire vexé de Jacques Chirac après la polémique : « On ne se positionnera jamais vis-à-vis des Anglais. » Étonnante rengaine d'un président qui se veut rassurant, une manière de roi fatigué, fataliste, sans volonté, si peu soucieux d'engager le combat, de réformer. Un roi fainéant... Car si la chiraquie avait œuvré comme il était urgent de le faire, si notre pays avait connu le même taux de croissance que l'Espagne, soit 3,7 %, il aurait aujourd'hui un PIB plus élevé de 496 milliards d'euros, soit environ 13 400 euros supplémentaires par salarié. Visons moins haut. Si la France n'avait eu qu'une croissance comparable à celle de la Suède, du Royaume-Uni ou des Pays-Bas, le « gâteau » supplémentaire serait de 240 milliards d'euros, soit quand même 6 500 euros de plus par salarié actif. Mais en lieu et place des chiffres attendus, la France n'a enregistré en 2006 qu'un taux de croissance de 2,1 %, nettement en dessous de l'Allemagne et de la moyenne de la zone euro (2,7 % pour les deux). Pour 2008, les prévisions la situent entre 2 et 2,5 %... Conséquence immédiate, la dette explose. Elle atteint aujourd'hui 65 % du PIB, bientôt 70 % : un fardeau insupportable.

« Ah ! que ne suis-je riche, pour venir en aide au pauvre que je suis ! », ce mot de Tristan Bernard s'applique à la France, bien incapable désormais de prodigalité. Car pendant que les recettes de l'État s'effritent, les dépenses de fonctionnement et de solidarité continuent de croître à un rythme de 2,5 % par an. Ce n'est pas la conjoncture mondiale qui est la cause de l'épuisement de la croissance française. Au contraire, l'économie mondiale connaît actuellement une période d'expansion unique dans l'histoire. Ce n'est pas non plus notre appartenance à la zone euro qui nous condamne à une croissance molle. D'autres pays européens obtiennent de bien meilleurs résultats avec le même pilotage macroéconomique. Balayons également l'idée que l'économie obéit à des cycles indépendants des choix stratégiques et qu'il suffit d'attendre le prochain retournement pour que la France renoue avec ses succès des Trente Glorieuses... Non, le mal est bien plus profond. Non seulement la France ne fait plus de croissance, mais elle n'en fera plus à l'avenir si elle ne change pas son modèle économique de manière déterminée et publiquement assumée. Les analystes du monde entier sont d'accord : c'est la logique administrative française qui plombe notre pays, en se plaisant à ignorer les règles du marché. « Nous avions les plus grands joailliers de la planète, s'insurge Pierre Cornette de Saint-Cyr. Un grand fonctionnaire a un beau jour mis une TVA à l'importation de 19,6 %. Belle idée. Mais je peux vous dire que plus aucun bijou ne rentre en France. Pour les œuvres d'art, la vidéo, les photographies, c'est la même chose... Plus rien ne revient en France. Les échanges ont été complètement réduits parce que nous sommes aujourd'hui un pays dans lequel il est très difficile d'entrer. Résultat : les collections s'en vont. C'est tellement suicidaire que les gens s'en amusent. Un copain ministre me disait récemment : "ISF, ça veut dire incitation à sortir de France." Et de ce point de vue, le nombre de collections qui ont quitté la France constitue une perte irréparable. La collection de François Pinault, qui est partie à Venise, est un des exemples les plus symptomatiques. Les collectionneurs belges, à l'heure qu'il est, se frottent les mains de voir tous les collectionneurs français converger vers leur royaume : il n'y a jamais eu autant d'œuvres françaises en Belgique... »

Dans ce grand appauvrissement français, l'administration joue le premier rôle. Souvent contre les Français, étonnamment lucides sur son influence nuisible. Prenons l'exemple de l'État providence, cette « grande nurserie » qui serait la fierté de notre pays. Les Français y sont tellement attachés, nous dit-on... Les études d'opinion révèlent que depuis longtemps déjà nous avons intégré l'inefficience de notre « exception solidaire ». Voici dix ans, en 1998, 29 % des Français estimaient que le RMI risquait d'inciter les bénéficiaires à s'en contenter et à ne pas chercher de travail. En 2003, ils étaient 53 % à le penser (enquête Credoc) ! Début 2006, 67 % des Français considéraient que « si la plupart des chômeurs le voulaient vraiment, beaucoup pourraient retrouver un emploi ». « L'opinion juge insuffisants les efforts des demandeurs d'emploi à retrouver un poste de travail », concluait à l'époque Annie Thomas, présidente de l'Unedic. On avait compris. Mais alors que dans tous les pays développés, les réformes ont été mises en œuvre : Welfare aux États-Unis, New Deal de Tony Blair en Angleterre, lois Hartz en Allemagne, l'administration française semble soucieuse d'assurer sa pérennité plus que celle de la France...

On observe d'ailleurs que malgré son omniprésence, l'État se désintéresse souvent des missions qui lui sont naturellement dévolues. Considérons à nouveau le monde de l'art contemporain. Domaine peu connu des Français mais très « encadré » par nos instances administratives. Depuis longtemps, les riches ont jeté leur dévolu sur l'art tantôt par passion, tantôt dans le but de diversifier leur patrimoine. En 2006, dans le monde, les millionnaires ont investi 26 % de leur patrimoine personnel en objets de luxe et 25 % dans des œuvres d'art. À New York, les ventes d'art contemporain, de loin les plus prisées aujourd'hui, battent des records de prix. Nous sommes au-delà des cotes déjà hallucinantes des tableaux impressionnistes. Pierre Cornette de Saint-Cyr tente de décoder la chute opérée par les maisons françaises sur ce marché qui jadis était notre terrain de jeu privilégié : « Depuis une trentaine d'années, on assiste à une prise de pouvoir de la chose publique. L'administration a mis la main sur la culture. Les valeurs se sont inversées. L'argent est devenu pestilentiel. Pour échapper aux lois naturelles du marché, on a enfermé nos artistes dans un réseau administratif de Frac et de Drac (Fonds régionaux d'art contemporain, Directions régionales des affaires culturelles). Il fallait trouver un substitut au marché ! Pourquoi ? Ça marchait si bien avant ! Certains naïfs, moi en tête, ont pensé qu'il s'agissait de changer le monde. C'était le grand discours de la gauche. Réflexion faite, il s'agissait en fait d'envisager l'art à leur seul profit idéologique. D'en faire un instrument de pouvoir. Sur ce point, la gauche a réussi. On achète les œuvres alibis, on les enferme dans des caves et on les ressort de temps en temps pour l'élection du maire d'une sous-préfecture de province. Non plus pour la passion, mais dans un but idéologique et démagogique. Bien sûr, chez nous la création est libre, mais les débouchés sont étouffés par une administration toute-puissante qui s'est substituée au marché. Il fallait quand même un certain talent génocidaire pour faire passer le marché de l'art français, de la première place mondiale, à celle qui pourrait échoir à un pays comme le Togo. Eh bien, notre administration l'a fait ! C'est un assassinat programmé. Le marché de l'art actuel en France me fait penser à ce qu'a connu l'art en URSS avant la chute du Mur, ou la Chine avant Tian'an Men. C'est d'autant plus terrible que nous avons des artistes fabuleux, Daniel

Buren, Bertrand Lavier, Patrick Raynaud, Bruno Peinado. Sans le soutien de la puissance muséale, ils sont morts. Il faudrait que le Centre Georges-Pompidou leur consacre de grandes expositions, et surtout qu'il exporte ces manifestations au Moma à New York, puis à Pékin, à Melbourne... C'est comme ça que tout le monde procède. Sauf nous bien entendu. Dans le nouveau Moma à New York, il n'y a qu'un seul artiste français vivant, Jacques Villeglé, le nouveau réaliste. Il a près de 90 ans. Hors lui, il n'y a pas d'artiste français, alors que l'on trouve des allemands, des espagnols, des anglais, des italiens, des portugais... Pourquoi ? Parce que la puissance publique n'assure pas la promotion de ces artistes. Trouverait-elle honteux que cela les aide à s'enrichir ? Le Centre Beaubourg par exemple a exposé ces derniers temps 90 % d'artistes étrangers. Il s'agissait souvent d'expositions conçues à l'étranger. Le Centre aurait pu demander qu'en échange, les étrangers montrent des artistes français... Y a-t-il un musée au monde qui se désintéresse autant de sa production nationale ? Bertrand Lavier, un de nos plus grands artistes, me disait : "Tous les artistes du monde ont leur pays avec eux. Alors que notre pays est contre nous." On parle de protéger l'exception culturelle française... Arrêtons de la protéger en l'enfermant dans un zoo telle une espèce animale en voie de disparition. Il ne faut pas la protéger... mais juste la promouvoir. »

Des mauvais chiffres qui font suite à d'autres mauvais chiffres : après un déficit commercial de 8,4 milliards d'euros en 2004, puis de 26,4 milliards d'euros en 2005, la France a battu, en 2006, un record dont elle se passerait bien avec un déficit voisin de 30 milliards d'euros. Pour le commissaire européen aux Affaires économiques et monétaires, Joaquin Almunia, « la France a besoin de plus de réformes pour améliorer sa croissance et l'état de ses finances publiques. Pour augmenter le potentiel de croissance, il faut un travail à long terme, portant sur l'amélioration de l'emploi et de la productivité, ainsi que de la qualité des dépenses publiques ». Mais où est la croissance tant attendue ? En Allemagne, en Espagne, au Royaume-Uni, en Irlande. Partout, sauf en France. Ici, pour que l'emploi reprenne, il faudrait attendre... attendre que la guerre en Irak se termine, puis que l'Irak s'apaise, puis que l'Irak se normalise. Il faudrait que la croissance mondiale se redresse, que les consommateurs français fassent leur devoir de citoyen en augmentant leur consommation pour nourrir la croissance nationale. Babillages inconséquents. Il faudrait en réalité s'inspirer de ce qui marche ailleurs et cesser de croire les cocardiers obtus qui nous répètent qu'ailleurs aussi ça va très mal. Non, la démocratie occidentale la plus économiquement malade, c'est bien la nôtre.

Les médias nous racontent à longueur d'éditoriaux une société américaine violente, raciste, génératrice d'extrême pauvreté... On lui oppose le modèle français, égalitaire, doté d'un État bienveillant et solidaire. Quelle remarquable mystification. Comment les élites françaises ont-elles pu se satisfaire de ce raisonnement indigent et bêtement chauvin pendant des années ? Pourquoi les journalistes, les économistes n'ont-ils pas tiré la sonnette d'alarme ? Comment ont-ils pu nous faire croire que les emplois créés en abondance aux États-Unis n'étaient que des emplois de service, aux confins de la précarité, considérés a priori comme des emplois de seconde zone ? Égarés par ces carambouilles désinformatrices, on en venait à oublier que les États-Unis montraient en réalité la voie de l'avenir en créant des millions d'emplois tertiaires dans les nouvelles technologies : des emplois de haute technicité bien rémunérés ! Puisque les chiffres ont été méprisés ces dernières années, régalons-nous. Rappelons-nous que face à ce taux de croissance français qui semblait satisfaire Jacques Chirac, le taux américain était en 2006 de 3,5 %, et le taux mondial de 5,1 %. Comparons les 9 % de chômage français en 2006 au taux de chômage américain : moins de 5 %. Depuis vingt ans, les États-Unis ont créé près de 50 millions d'emplois nouveaux tout en intégrant 33 millions d'immigrés supplémentaires. Il n'y a aucun autre pays au monde qui puisse se prévaloir d'une telle performance.

Le plus grave, c'est que, dans notre proche passé, aucun projet présidentiel, qu'il s'agisse de la « rupture avec le capitalisme » proposée par Mitterrand ou du projet chiraquien de la « réduction de la fracture sociale », n'a enrayé cette fatalité française. N'était-ce que du marketing ? L'échec patent des présidents, des gouvernements et des Parlements qui se sont succédé ne conduit pas à l'optimisme. D'ailleurs, si l'on parle d'optimisme, notons qu'il n'est pas non plus l'apanage de la société française : malgré l'effet Sarkozy, l'opinion publique a le sentiment que la France s'appauvrit. Une perception que confirment les statistiques. Voici, en quelques lignes, les chiffres de la pauvreté française : la moitié des personnes demeurant en France métropolitaine disposent d'un revenu disponible après impôts inférieur à 1 315 euros par mois. Avec un PIB par habitant seulement supérieur de 8 % à la moyenne européenne, la France est en passe de se « smicardiser ». Dans l'Union européenne, les Pays-Bas, l'Autriche, le Danemark, la Belgique, le Royaume-Uni et la Suède se situent entre 15 % et 25 % au-dessus de la moyenne. D'ailleurs, environ 16 % des salariés français sont en 2006 payés au Smic, contre... 3,1 % seulement des Irlandais, 2,1 % des Néerlandais, 5,5 % des Portugais et 1,4 % des Britanniques ! En dépit de la volonté de Nicolas Sarkozy, un Britannique ou un Danois travaille aujourd'hui environ 30 % de plus qu'un Français. Ils bénéficient d'un revenu moyen supérieur de 10 à 20 % à celui d'un Français. Pour expliquer l'écart de niveau de vie entre nos compatriotes et les autres, nul besoin de mettre en avant la productivité ou la modernité des uns par rapport aux autres. Il suffit simplement de comparer la quantité de travail. Malgré les aménagements du gouvernement Fillon 2, les Français à revenus modestes ne sont que 35 % à estimer qu'ils ont gagné aux 35 heures contre 56 % qui pensent le contraire.

Le problème français ne réside pas seulement dans ce quart-monde miséreux qui concentre toutes les attentions médiatiques sur les bords du canal Saint-Martin. Il se situe aussi et surtout dans une pauvreté « acceptée » parce que salariée. Contrairement au reste de l'Europe, la France a vu apparaître une classe de pauvres, souvent issue de l'immigration, peu familiarisée avec l'économie de marché. Des salariés qui ne dorment pas sous des tentes Quechua mais qui paient, à leur façon, cinquante ans de médiocrité économique. Car dans n'importe quel autre pays voisin, la plupart de ces salariés pauvres feraient aujourd'hui partie de la frange aisée.

Et si le problème de la France était les Français ? Pour ajouter une note peu réjouissante au tableau, il convient de noter que la France souffre de multiples pathologies mentales. D'abord, elle est dépressive. La consommation d'antidépresseurs a été multipliée par 5 de 1980 à 2007. L'Hexagone est le premier consommateur mondial de benzodiazépines, antidépresseurs et autres molécules de l'âme... Dans le même esprit, on enregistre plus de 10 000 suicides par an et 150 000 tentatives avérées, ce qui place nettement la France au-dessus de la moyenne européenne. 90 % des consultations chez un médecin de ville français donnent lieu à la délivrance d'une ordonnance, contre 43 % aux Pays-Bas. En second lieu, la France n'aime pas l'argent. En 1995, Michèle Lamont, sociologue et professeur à Harvard, a demandé à 160 hommes français et américains appartenant à la classe moyenne supérieure de définir ce qui fait la valeur d'un individu. Il apparaît que la frontière de l'argent est plus marquée aux États-Unis qu'en France. Les Français, peu concernés par l'argent, font rarement état d'un sentiment d'infériorité vis-à-vis de personnes plus riches. Une décontraction de bon aloi... En revanche, autre constat, nos concitoyens ont tendance à marquer des frontières « anti-socioéconomiques », critiquant ceux qui réussissent ou qui produisent trop de « signes extérieurs de richesse ». Une survivance aristocratique qui affiche un mépris pour ceux que le général de Gaulle appelait avec un peu de distance « les gens d'argent ». Nous sommes bien là dans une forme de dénégation forte : l'argent, c'est vulgaire.

En mai 2007, Opcalia, un très important organisme paritaire de collecte de l'argent de la formation professionnelle, me demande d'animer une table ronde sur la sécurisation des parcours professionnels en France. Mes confrères et moi-même appelons cela un « ménage » : l'occasion pour un journaliste d'arrondir ses fins de mois. J'accepte. Je découvre alors un certain nombre de programmes de formation, destinés à rendre les jeunes issus de l'université « employables » dans le monde de l'entreprise. En présentant les intervenants de la table ronde, je ne peux m'empêcher de sourire en pensant à l'incongruité quasi ubuesque de la situation : l'obligation faite aux entreprises et à la puissance publique de former une seconde fois des étudiants déjà formés à grands frais par l'université française. Elsa (Étudiants de lettres et de sciences humaines en alternance) est le nom d'un de ces programmes destinés à reprendre en main les étudiants mal formés. Elsa est, en soi, un vrai camouflet adressé à l'université : le Cnam associé à Sciences-Po y reformate les élèves afin de les adapter au monde des entreprises privées, faute de quoi leur « non-employabilité » ruinerait leurs efforts pour trouver du travail. Dans la salle, des chefs d'entreprise qui financent la formation, des étudiants, des acteurs du monde de la formation professionnelle, des professeurs de l'université française. Je me souviens du témoignage du DRH de Véolia qui venait de tenter une expérience pilote avec une jeune femme issue de la filière universitaire : après une maîtrise de lettres modernes, elle suivait un cursus de professionnalisation destiné à la rendre culturellement apte à travailler chez ce géant français de l'environnement... Touchante, la jeune femme nous expliqua son inaptitude totale à se diriger vers le monde de l'entreprise.

Durant la pause café, un groupe de professeurs de l'université vint alors m'assiéger. Naïvement, j'imaginais découvrir des enseignants mal à l'aise, des mines contrites, abattues. Pas du tout, les réactions se révélèrent on ne peut plus déroutantes : « L'entreprise n'a rien à faire dans l'université de la République », remarqua l'un d'eux sur un ton péremptoire. « Ce n'est pas à l'université de s'adapter au monde marchand mais le contraire », appuya une jeune professeur. « Laisser entrer l'entreprise sur les campus créerait un précédent », me lança un troisième. « On voit bien où vous voulez en venir, expliqua un quatrième plein de morgue : votre projet c'est d'arracher ces élèves à leur cursus et d'en faire des moteurs de votre satanée productivité, mais nous ne sommes pas aux États-Unis. » J'objectai timidement que, dans toutes les universités du monde, de Montréal à Barcelone, de Johannesburg à Stockholm, l'enseignement a à cœur d'anticiper les évolutions du monde du travail pour permettre aux étudiants d'être suffisamment compétents, experts, formés pour y entrer... J'omis volontairement de citer les universités anglo-saxonnes : cela aurait été une déclaration de guerre. Ce fut tout de même une bronca.

Dans toutes les histoires, il y a les bons et les méchants. Ce jour-là, le DRH de Véolia et la jeune femme du programme Elsa durent quitter la salle prématurément : l'université française forme ces étudiants comme bon lui semble, et gare aux ennemis de la République qui ne penseraient pas de même. La formation professionnelle tentera de corriger tout cela. Cette formation professionnelle... à propos de laquelle Jacques Delors avait affirmé : « Moi, par exemple, qui suis à l'origine de la loi sur la formation professionnelle, je n'arrive pas à me faire une idée d'où en est la formation professionnelle permanente entre ce que font l'État, les budgets publics décentralisés et les acteurs non publics. » Pierre Joxe, ancien président de la Cour des comptes, ne fut pas plus rassurant : « Avec ce qu'il y a dans le budget de l'État, dans les compagnies consulaires et les collectivités locales, on ne peut pas définir clairement le budget de la formation professionnelle. En revanche, ce que l'on sait, c'est que les gaspillages sont considérables et les fraudes énormes. »

Chaque année, la France consacre environ 1,4 % de son PIB, soit environ 23 milliards d'euros, à la formation professionnelle des adultes. Jacques Marseille rappelle que cela représente l'équivalent du coût du revenu minimum d'insertion (RMI), soit encore 40 % du montant de l'impôt sur le revenu. Marseille cite les économistes Pierre Cahuc et André Zylberberg du Conseil d'analyse économique, pour qui cette formation professionnelle serait « sans aucun impact avéré sur les parcours professionnels » ! Reprenant les critiques déjà émises jadis par la mission d'évaluation et de contrôle de l'Assemblée nationale, ces derniers dénoncent un système « opaque, éclaté, complexe et trop peu transparent pour assurer efficacement l'adaptation de la main-d'œuvre et la promotion sociale ». Triste constat pour le sujet qui nous occupe. Car au XXIe siècle, la connaissance est la matière première la plus précieuse. La puissance publique devrait créer les conditions pour que les connaissances se multiplient et irriguent le territoire et l'économie. Pour cela, il faut avant tout libérer les universités des carcans qui les paralysent. C'est sur les campus que les jeunes les plus brillants doivent être sensibilisés à la recherche. C'est sur les campus que les entreprises doivent pouvoir former leurs personnels actuels et recruter leurs personnels futurs. Enfin et surtout, c'est sur les campus que doivent avoir lieu les interactions entre recherche fondamentale, recherche appliquée et innovation. Il conviendrait de construire de solides coopérations entre des organisations qui tendent naturellement à s'ignorer : les PME concurrentes entre elles, les grandes entreprises, le monde de l'enseignement supérieur et de la recherche, les grandes firmes, les start-up. Lorsque ces coopérations deviennent naturelles se créent des « clusters ». En clair, des réseaux d'entreprises et d'institutions publiques qui comprennent un riche tissu de clients, de fournisseurs et de financeurs, et un bassin de compétences scientifiques et technologiques adapté. Partout et dans tous les secteurs d'activité, ces « clusters » sont des moteurs de croissance : les biotechnologies à Boston, le vin en Australie, les technologies de l'information dans la Silicon Valley, la finance à Londres, la chaussure de sport dans le nord de l'Italie...

La présence conjointe des meilleurs centres de recherche, des leaders du marché et de consommateurs avertis agit comme un aimant sur les entreprises du secteur ; la dynamique du « cluster » s'auto-entretient et en fait un lieu d'implantation incontournable. Depuis une quinzaine d'années, de plus en plus de régions leaders en Europe ont construit leur stratégie de développement sur ce modèle. C'est notamment le cas des pays nordiques, de la Catalogne ou encore de la Bavière. Pour pouvoir jouer à plein leur rôle de plate-forme de diffusion de la connaissance, les universités françaises doivent progresser dans leur management. Comme toutes les universités performantes à travers le monde, elles ont besoin de devenir autonomes. Cela passe par la possibilité pour les présidents d'université de gérer le budget total de leur établissement, y compris la masse salariale. Par souci de transparence, ils devront être responsables devant des conseils d'administration dans lesquels les bailleurs de fonds des universités, au premier rang desquels l'État et les régions, siégeront en majorité. Cela passe aussi par la reconnaissance du rôle de l'université en tant que principal opérateur de recherche. Le jour où les universités françaises auront vraiment changé, elles cesseront d'être des usines à fabriquer l'ignorance et la pauvreté.

Les entreprises françaises peuvent aujourd'hui témoigner de l'inexorable appauvrissement des filières d'enseignement. Parce qu'un jeune sous-performant, mal formé n'est pas un facteur d'enrichissement pour une collectivité entrepreneuriale. En moyenne, sept ans après leur création, les entreprises françaises ne parviennent à accroître leurs effectifs que de 7 % en moyenne, contre 22 % en Allemagne et... 126 % aux États-Unis. La part de marché des entreprises françaises se réduit aussi bien dans les exportations mondiales que dans la zone euro, ce qui est plus inquiétant en termes de compétitivité, puisqu'il s'agit, dans ce dernier cas, de pertes de parts de marché vis-à-vis d'économies proches. En 1999, les exportations françaises représentaient 17 % du total des exportations de la zone euro, mais moins de 15 % en 2006.

La France compte presque 2,6 millions d'entreprises, mais moins de 10 % ont 10 salariés ou plus... On note aussi que près de 50 % n'en ont aucun ! Autrement dit, il y a en France près de 2,6 millions de « patrons », mais 50 % n'ont pas d'employé, et 40 % en ont de 1 à 9 ! Nous avons donc d'un côté nos « champions nationaux », stars du CAC 40 ou du SBF 120, et de l'autre une multitude de mini-PME de quelques salariés. Et si nous créons 230 000 entreprises par an, l'Angleterre en crée 465 000, et l'Espagne près de 340 000 pour une population bien inférieure. Et pourtant, ce n'est pas l'envie qui manque : 25 % des Français qui ont plus de 18 ans souhaiteraient créer leur entreprise. Nous sommes la seconde nation velléitaire de tous les pays de l'OCDE... Mais, étonnamment, la France est aussi le pays où l'on renonce le plus.

L'organisation administrative américaine permet plus facilement la création et la croissance rapide des entreprises. À cet égard, la majorité des très grandes entreprises équivalentes à celles de notre CAC 40 sont des « success stories » d'entrepreneurs : Bill Gates (fondateur de Microsoft), Michael Dell (fondateur de Dell Computer), Larry Ellison (fondateur d'Oracle) et des milliers d'autres envoient un message très fort aux jeunes Américains : si je l'ai fait en quelques années, vous pouvez y arriver. 30 % des entreprises créées chaque année le sont par des individus qui sont nés hors des frontières. Quel encouragement pour les Américains issus de l'immigration et en particulier ceux qui sont entrés clandestinement dans le pays ! L'histoire de David Filo, un des cofondateurs de Yahoo !, est à ce sujet exemplaire. Arrivé aux États-Unis à 10 ans sans parler un mot d'anglais, il « pèse » aujourd'hui plusieurs centaines de millions de dollars. Steve Chen, le cofondateur de YouTube – le site de partage de vidéo racheté par Google pour 1,6 milliard de dollars –, a connu un parcours similaire. Geoffroy Roux de Bézieux, patron de Virgin Mobiles Phones en France, se souvient d'avoir croisé à Londres, lors de conseils d'administration, l'ancien numéro deux de Tesco, la première chaîne de supermarchés britanniques : « Il a démarré comme magasinier à 16 ans. » De même, l'ancien président de la banque Lloyds : « Il a débuté comme employé de banque à 18 ans. Inimaginable en France ! Il ne s'agit pas de remettre en cause la méritocratie des grandes écoles, mais de constater que c'est en France l'unique moyen de parvenir au sommet d'une grande entreprise, et que c'est encore une exception française. »

Dans presque tous les pays, le nombre moyen d'heures travaillées par habitant a baissé depuis vingt-cinq ans, sous l'effet conjugué du vieillissement de la population qui a réduit le nombre d'actifs, de la montée du chômage et de l'abaissement de la durée légale du travail. Seuls quatre pays ont fait exception à cette règle : les États-Unis, la Grande-Bretagne, l'Espagne et les Pays-Bas. Dans ces pays, le plein-emploi est quasiment atteint... Une évolution qui tend à démontrer que plus on travaille, plus il y a du travail pour tous. Une théorie complexe à appréhender pour les économistes français qui, depuis vingt-cinq ans, ont tenté de réduire le chômage en faisant entrer le plus tard possible les jeunes dans le monde du travail, en poussant le plus rapidement possible les seniors vers la retraite et en diminuant le nombre d'heures de travail des actifs occupés. Avec les résultats que l'on connaît. Ainsi, la France, qui reste le pays développé où le taux de chômage est le plus élevé, est aussi celui où l'on travaille le moins, par habitant, dans une année : 617 heures en 2006, contre 677 en Allemagne, 736 en Espagne, 801 au Royaume-Uni et 865 aux États-Unis. Autrement dit, l'Américain d'aujourd'hui travaille environ 40 % de plus qu'un Français. Un chiffre à rapprocher du PIB par habitant qui est de l'ordre de 39 000 dollars par tête aux États-Unis et de 28 000 dollars en France. Un écart de presque... 40 % ! Existerait-il une corrélation ?

Pendant ce temps-là, les Chinois travaillent. Alimentées par des excédents commerciaux record, les réserves de la Banque de Chine ont explosé le seuil symbolique des 1 000 milliards de dollars : vingt années de déficit budgétaire français. Des sommes investies en bons du Trésor américains qui financent ainsi la puissance étatsunienne, laquelle, en retour, consomme des produits chinois... Ce cycle transpacifique est aujourd'hui le principal moteur de la croissance mondiale. Il gonfle les réserves chinoises et le déficit extérieur américain – près de 850 milliards de dollars en 2006. Mais la situation va changer : Pékin vient de décider d'une révolution, en créant un fonds chargé de faire fructifier ces réserves. L'objectif est de diversifier les investissements : on ne se cantonne plus au dollar et aux obligations. En mai 2007, le gouvernement chinois a investi 3 milliards de dollars dans le fonds d'investissement américain Blackstone. Grâce à sa réconciliation intelligente avec l'économie de marché et la mondialisation, la Chine communiste (mais si, mais si) pèse désormais sur l'économie mondiale, comme pesait la France voici cent ans. Et afin de lever les dernières ambiguïtés sémantiques, le dernier congrès du Parti communiste chinois a pris une mesure symbolique : il honore désormais officiellement chaque chef d'entreprise en l'élevant au grade de « Héros du peuple ». Sur le strict registre de la gratification faite aux dirigeants d'entreprise par la puissance publique, la France se situerait plutôt à la gauche de la Chine populaire. Cette politique libérale n'a pas empêché en même temps le maire de Pékin de lancer en 2007 une campagne de purification publicitaire dénonçant avec virulence les panneaux vantant le luxe et les styles de vie fastueux, peu conformes avec son éthique du développement : « Beaucoup utilisent des termes exagérés qui encouragent le luxe et l'oisiveté, inaccessibles pour les groupes à bas revenus et qui ont une mauvaise influence sur l'atmosphère harmonieuse de la capitale », déclarait Wang Qishan. Conséquence de cette politique ambitieuse, l'épargne privée chinoise commence, elle aussi, à s'aventurer sur les marchés internationaux. Aujourd'hui l'un des premiers exportateurs mondiaux, Pékin sera demain matin l'un des premiers investisseurs dans le monde. Et donc en France.

Épilogue

« L'argent est préférable à la pauvreté,
ne serait-ce que pour des raisons financières. »

Woody Allen.

Il y a cent ans, en 1907, la IIIᵉ République, rancunière,
ne digère toujours pas la défaite de Sedan, face aux Prussiens, en 1870. Trente-sept ans se sont pourtant écoulés.
Des millions de Français qui n'ont pas connu cette
guerre vivent quotidiennement dans un esprit de revanche, annonciateur de 1914. L'Allemand est toujours
l'ennemi national. Certains pourtant – des pacifistes ?
des fous ? des affairistes sans conscience ? – rêvent de
retisser des liens avec les vainqueurs de 1870. Mais heureusement, de vrais Français veillent. Patriotes à souhait,
moralisateurs, de droite comme de gauche, ils affûtent
leurs plumes pour empêcher le crime de lèse-patrie : la
réconciliation. Au Parlement, dans la presse. De violen-
tes diatribes anti-fric sont publiées à longueur de journaux. Souvent antisémites, ces pamphlets clouent les
banquiers au pilori de la trahison nationale. On parle
« des cafards affairistes qui s'enrichissent avec les
casques à pointe ». Une partie de la gauche radicale
emboîte le pas de l'extrême droite. Dans ce déferlement

nationaliste, patriotique, républicain, une petite voix s'élève. Un journaliste économique, du nom de Raymond Lévy, oublié de la postérité, publie sous le pseudonyme de Testis ces lignes étonnantes : « Il est un peu difficile de parler de l'Allemagne en toute liberté d'esprit. Elle est comme un voisin hautement qualifié avec lequel on aurait jadis perdu un gros procès... Cependant nous ne sommes pas en guerre avec l'Allemagne. Trente-sept ans se sont écoulés depuis la douloureuse épreuve de 1870. Aujourd'hui même, qui blâme un négociant de Reims ou d'Épernay de vendre ses vins de Champagne ; un fabricant de Calais, ses dentelles ; un couturier, ses robes ; un grand magasinier, des articles de Paris, à des marchands ou clients de Berlin, de Hambourg ou Francfort ? Comment ces négociants ou industriels qui commercent avec l'Allemagne recevraient-ils la contre-valeur de leurs livraisons, si des banquiers français ne s'en chargeaient pas par l'intermédiaire de banques allemandes, et comment ses rapports pourraient-ils naître et durer entre les sociétés de crédit des deux nations, s'ils ne comportaient pas ces échanges de fonds sous toutes leurs formes... Car les banques vendent de l'argent, comme les hommes d'affaires qu'on vient de citer vendent des dentelles, des toilettes, ou des articles de Paris. »

En 2007, Testis serait un journaliste ultra-libéral, attaqué de toutes parts, un de ces journalistes qui ne « prêchent qu'aux riches ». Les Prussiens s'appelleraient désormais « mondialisation ». Ils seraient alliés aux Chinois, aux fonds de pension, aux patrons du CAC 40, aux géants de l'industrie agroalimentaire qui couvrent la terre d'OGM, aux riches de tous poils. Quant aux nationalistes, ceux qui vilipendaient les partisans du « dialogue commercial », ils sont les seuls à ne pas avoir changé : toujours les mêmes tenants du repli national qu'il y a cent ans, les mêmes partisans du patriotisme économique. Qu'ils soient d'extrême gauche ou d'extrême droite, de gauche ou de droite, leurs discours ne sont plus teintés d'antisémitisme, mais au fond, ils dégagent toujours la même odeur rance. Ils pensent encore que combattre les riches, c'est aider les pauvres. Ils se nourrissent des mêmes fantasmes d'exception économique. Leurs idoles s'appellent Greenpeace, Max Havelaar, Hugo Chavez, Viviane Forrester, José Bové et tous les charlatanismes anti-riches, anti-marché. Ils manient les peurs et les frustrations. Leur nocivité intellectuelle est aussi patente qu'hier. Leur façon de convaincre, leurs mots sont les mêmes à travers les âges : les riches ont ourdi un complot planétaire qui menace l'équilibre du monde. Ils sont les pirates de la biosphère, ceux qui emploient les enfants dans les mines. C'est tout. Une immuable médiocrité emphatique, lyrique et verbeuse.

Bien sûr, les riches ne sont pas des modèles de vertu. Le capitalisme non plus. Comme ceux de 1907, les ennemis du marché de 2007 ont beau jeu de jeter le bébé avec l'eau du bain. Puisque le monde se « financiarise », puisque certains patrons du CAC 40 ont exagéré sur les stock-options, puisque des entreprises ferment, puisque des hommes et des femmes souffrent, victimes du chômage, récusons le marché et ponctionnons davantage les salauds de riches, selon le principe édicté par Karl Marx : « Il n'y a qu'une seule façon de tuer le capitalisme : des impôts, des impôts et toujours plus d'impôts. » Cette fois, l'utopie de substitution ne s'appelle plus marxisme, mais commerce équitable, patriotisme économique, ou altermondialisme. « Ceux qui méprisent les richesses sont ceux qui désespèrent de s'enrichir », écrivait Francis Bacon. Aussi loin que je cherche, le marché, l'argent, le capitalisme ont été les leviers des grandes actions civilisatrices. Les Phéniciens, dès le IIIᵉ millénaire avant Jésus-Christ, fondaient les ports d'Ougarit et de Byblos pour faire du business, à l'initiative d'une bourgeoisie marchande riche qui se déploya dans la Méditerranée. Plus tard, à leur apogée, ils fondèrent Carthage. C'est encore à l'initiative des « marchands du Temple » que l'Europe dans sa version vintage vit le jour en 1957. Cette Europe d'abord baptisée Marché commun était bien celle du commerce, du charbon, de l'acier et des autres produits. Ce sont les espérances de prospérité commerciale et les promesses d'enrichissement qui sont la source de notre Europe et non pas la volonté de quelques politiques. Sans marché, sans volontés transnationales de s'enrichir, les vieilles rancœurs nationales héritées de la Seconde Guerre mondiale auraient sans doute pris le pas sur les projets communautaires.

Le potentiel polémique de l'argent reste élevé. Les dénonciations de l'argent roi continuent d'émailler les discours électoraux en France, et la « finance » demeure un univers socialement suspect. Imparfaite à souhait, l'économie de marché prête depuis toujours le flanc à ses accusateurs. Des contempteurs qui feignent d'ignorer que le capitalisme s'est posé sur un monde un peu bancal. Un monde qui n'avait pas attendu les fonds de pension pour bâtir des systèmes de hiérarchisation, hier encore plus marqués qu'aujourd'hui. Alors, les riches ont-ils une âme ? Pendant que la France se perd dans cette nouvelle controverse de Valladolid, les autres cultures avancent, décomplexées, Chinois en tête.

L'histoire du monde nous prouve souvent qu'après les guerres et les haines viennent l'échange et le capitalisme. Et pour celui qui a souffert, les promesses de prospérité valent tous les prêches du monde. Car lorsque l'espoir de s'enrichir est là, les prophéties des charlatans de toutes les radicalités se font plus lointaines. Les voix des camelots, vendeurs d'utopies usagées, se font plus ténues.

Sources

Ouvrages

Alain, *Propos d'économique*, Gallimard, 1935.

Aron, Raymond, *Dix-huit leçons sur la société industrielle*, Gallimard, 1962, coll. « Idées », rééd. coll. « Quarto », 2005.

Attali, Jacques, *Les Juifs, le monde et l'argent*, Fayard, 2003.

Beigbeder, Frédéric, *99 francs*, Grasset, 2000.

Benoist, Alain de, *Pour un gramscisme de droite*, 1981.

Berger, Suzanne, *Notre première mondialisation*, Le Seuil, 2003.

Blic, Damien de, *Sociologie de l'argent*, La Découverte, 2007.

Bonazza, Patrick, *Les Goinfres : enquête sur l'argent des grands patrons français*, Flammarion, 2007.

Cabu, *La France des beaufs*, Éd. du Square, 1979.

Caccomo, Jean-Louis, *La Troisième Voie*, Éd. Les Presses littéraires, 2007.

Chirac, Auguste, in *Revue socialiste* ; repris in Suzanne Berger, *op. cit.*

Comte-Sponville, André, *Le capitalisme est-il moral ?*, Albin Michel, 2004.

Credoc, *Conditions de vie et aspirations des Français*, 2003.

Dard, Frédéric, *Les Pensées de San Antonio*, Le Cherche-Midi, 1996.

Elias, Norbert, *La Société de cour*, Calmann-Lévy, 1974.

Gerbelle, Antoine, *Guide des meilleurs vins de France*, Éd. de la Revue du vin de France, 2007.

Hazareesingh, Sudhir, *The Saint-Napoleon : celebrations of sove-*

reignty in nineteenth-century France, Harvard University Press, 2004.

Joffrin, Laurent, *Histoire de la gauche caviar,* Laffont, 2006.

Jospin, Lionel, *Le Temps de répondre,* Stock, 2002.

Kempf, Hervé, *Comment les riches détruisent la planète,* Le Seuil, 2007.

Landier, Camille et Thesmar, David, *Le Grand Méchant Marché,* Flammarion, 2007.

Lindenberg, Daniel, *Le Rappel à l'ordre,* Le Seuil, 2002.

Marseille, Jacques, *Les Bons Chiffres pour ne pas voter nul en 2007,* Perrin, 2007.

Mitterrand, François, *Politique,* rééd. Marabout, 1984, p. 327.

Neymarck, Alfred, *Les Impôts et la richesse publique de 1869 à 1897, communication faite à la Société de statistique de Paris, séance du 20 octobre 1897,* Berger-Levrault, 1898.

– *Vocabulaire manuel d'économie politique,* A. Colin, 1898.

Salin, Pascal, *Français, n'ayez pas peur du libéralisme,* Odile Jacob, 2007.

Roux de Bézieux, Geoffroy, *Salauds de patrons,* Hachette littératures, 2007.

Simmel, Georg, *Philosophie de l'argent,* 1900, trad. fr., 21ᵉ éd. PUF, 1987.

Testis, pseudonyme de Raymond Lévy ; repris in Suzanne Berger, *op. cit.*

Presse écrite

Capital, juin 2007, supplément thématique, « L'histoire du capitalisme ».

Challenges, 24 mai 2007, p. 3, écho non signé.

Corriere della Sera, 7 mai 2007, Massimo Nava ; repris dans *Valeurs actuelles,* 1ᵉʳ juin 2007.

Enjeux, juin 2007, interview d'Édith Cresson.

L'Expansion, juin 2007, Franck Dedieu.

L'Express, 31 mai 2007, Jean-Marc Lech (Ipsos).

L'Express, 21 juin 2007, Christophe Barbier.

Forbes, 2006, Luisa Kroll.

Sources

International Herald Tribune, John Vinocur ; repris dans *L'Express*, 31 mai 2007.

Libération, 4 novembre 2006.

Libération, juin 2007, Laurent Joffrin.

Libération, 29 juin 2007, enquête de Camille Landais.

Marianne, 23 juin 2007, Pierre Feydel.

Le Monde, 10 avril 2006, Geoffroy Roux de Bézieux.

Le Monde, 20 janvier 2007, Louis Chauvel ; Thomas Piketty.

Le Monde, 21 juillet 2007, repris de la une du *New York Times*.

Le Monde diplomatique, juin 2007, Éric Toussaint et Damien Millet.

Le Nouvel Observateur, 4 janvier 2001 et 15 février 2001, Patrick Fauconnier.

Le Nouvel Observateur, 17 mai 2007, Véronique Groussard.

Le Nouvel Observateur, 21 mai 2007, Philippe Aghion.

Le Nouvel Observateur, 21 juin 2007, Jean Daniel, p. 47.

Le Nouvel Observateur, François Reynaert, 17 mai 2007.

Le Point, 6 juillet 2006, n° 1794, Jacques Marseille, p. 68.

VSD, 13 juin 2007, interview de Jacques Séguéla.

Wall Street Journal, 4 janvier 2006, Mary Anastasia O'Grady.

Presse audiovisuelle

CSA, sondage 2007.

CSA-France Info, hiver 2006-2007.

France 2, émission *À vous de juger*, 8 juin 2006.

MSN Finances, interview d'Amélie Mauresmo par Éric Salliot, 1er mars 2007.

Rai, propos tenus par Angelo Mellone.

Interviews réalisées par l'auteur

Pierre Cornette de Saint-Cyr, 15 avril 2007.

Laurent Delahousse, 24 avril 2007.

Angelo Mellone, 15 juin 2007.

Être riche : un tabou français

Catherine Roig, 12 juin 2007.
Bruno Solo, 15 juillet 2007.

Organismes

Capgemini Financial Services, Marina Weimert.
Ernst&Young, Baromètre de l'attractivité du 28 juin 2007, publié par la World Investment Conference, La Baule ; repris dans *La Tribune*, 28 juin 2007.
Eurostat.
Globalscan sondage.
Great Place to Work Institute, http ://www.greatplaceto-work.com/best/list-fr-2005.htm
Ina.fr, propos de Janine Mossuz-Lavau recueillis par Sébastien Zriem.
Insee, éléments statistiques publiés dans *Le Monde*, 20 janvier 2007.
Ipsos, sondage, avril 2004.
Ires, Institut de recherches économiques et sociales, Christian Dufour.
Merrill Lynch et Capgemini, *World Wealth Report*, 11e éd., 2006.
Observatoire des inégalités, Louis Maurin.
Observatoire national de la pauvreté.
Opinionway 2006.
Proxinvest.
Sofres, sondage 2005.

Remerciements

À mon confrère Cédric Parison pour son aide précieuse.

À mes amis Patrick, Jean-Baptiste, Grégoire, Christian, Xavier, qui m'ont appris en « live » l'économie de marché.

À Pol Le Ber.

À tous les « salauds de riches » qui ont bien voulu répondre à mes questions.

À Adam Smith et à Alexis de Tocqueville.

Table

Composition Nord Compo
Impression Bussière, en septembre 2007
Éditions Albin Michel
22, rue Huyghens, 75014 Paris
www.albin-michel.fr

ISBN 978-2-226-17512-0
N° d'édition : 24736. – N° d'impression : 073140/4
Dépôt légal : octobre 2007
Imprimé en France.